A Voz Silenciada de Maria Madalena
O Feminino Divino e à Cura Interior

Violet Ross

Título Original: *The Silenced Voice of Mary Magdalene - The Divine Feminine and Inner Healing*

Copyright © 2025, publicado por Luiz Antonio dos Santos ME.
Este livro é uma obra de não-ficção que explora práticas e conceitos no campo da espiritualidade feminina, da gnose cristã e do sagrado feminino. Através de uma abordagem simbólica, histórica e esotérica, a autora reconstrói o legado de Maria Madalena como mestra iniciada e apóstola dos apóstolos.

1ª Edição
Equipe de Produção
Autor:
Editor: Luiz Santos
Capa: Studios Booklas / **Elena Solari**
Consultor: Dário Vellani
Pesquisadores: Amira Legrand, Jonas Tave, Selma Dionys
Diagramação: Naiara Venz
Tradução: Ciro Benedan

Publicação e Identificação
A Voz Silenciada de Maria Madalena
Booklas, 2025
Categorias: Espiritualidade / Estudos Religiosos / Gnosticismo
DDC: 226.092 — Pessoas do Novo Testamento
CDU: 27-67:2-1 Maria Madalena

Todos os direitos reservados a

Luiz Antonio dos Santos ME / Booklas
Nenhuma parte deste livro pode ser reproduzida, armazenada num sistema de recuperação ou transmitida por qualquer meio — eletrônico, mecânico, fotocópia, gravação ou outro — sem a autorização prévia e expressa do detentor dos direitos de autorais.

Sumário

Índice Sistemático 5
Prólogo 10
Capítulo 1 O Início 14
Capítulo 2 Discípula de Jesus 20
Capítulo 3 Mitos e Verdades 26
Capítulo 4 Conversão Interior 32
Capítulo 5 Testemunha Fiel 37
Capítulo 6 Laço Afetivo 43
Capítulo 7 Mestra Iniciada 49
Capítulo 8 Apóstola dos Apóstolos 55
Capítulo 9 Evangelhos Apócrifos 61
Capítulo 10 Evangelho de Maria 67
Capítulo 11 Visão de Maria 72
Capítulo 12 Linguagem Simbólica 78
Capítulo 13 Ensinamentos Gnósticos 84
Capítulo 14 Outros Apócrifos 90
Capítulo 15 Tradição Gnóstica 96
Capítulo 16 Tradição Ortodoxa 102
Capítulo 17 Conflito e Marginalização 108
Capítulo 18 Sagrado Feminino 114
Capítulo 19 Maria na Mística 120
Capítulo 20 Legado e Veneração 126
Capítulo 21 A Tradição na França 132
Capítulo 22 O Culto Medieval 137

Capítulo 23 Simbolismo Esotérico 143
Capítulo 24 A Linhagem Secreta 149
Capítulo 25 A Madalena nos Evangelhos Modernos 155
Capítulo 26 Maria e o Feminino Divino 161
Capítulo 27 Caminho de Autocura 167
Capítulo 28 Maria e a Sabedoria do Coração 173
Capítulo 29 A Nova Teologia Feminina 179
Capítulo 30 Espiritualidade Contemporânea 185
Capítulo 31 O Casamento Sagrado 191
Capítulo 32 A Redescoberta da Alma Feminina 197
Capítulo 33 Maria, Testemunha da Luz 203
Epílogo 209

Índice Sistemático

Capítulo 1: O Início - Apresenta Maria Madalena, seu contexto histórico e sua importância inicial nos evangelhos e como primeira testemunha da Ressurreição.

Capítulo 2: Discípula de Jesus - Detalha a jornada de Maria Madalena como discípula ativa e financeiramente independente de Jesus, destacando sua compreensão e fidelidade.

Capítulo 3: Mitos e Verdades - Desconstrói o mito de Maria Madalena como prostituta, contrastando-o com as evidências bíblicas e apócrifas de seu papel como apóstola.

Capítulo 4: Conversão Interior - Analisa a cura de Maria Madalena como uma profunda conversão interior e despertar espiritual, não apenas um arrependimento moral.

Capítulo 5: Testemunha Fiel - Enfatiza a fidelidade de Maria Madalena durante a Paixão e sua designação como primeira testemunha e anunciadora da Ressurreição.

Capítulo 6: Laço Afetivo - Explora a natureza íntima do vínculo entre Jesus e Maria Madalena, interpretando-o simbolicamente como parceria espiritual e arquétipo do casamento sagrado.

Capítulo 7: Mestra Iniciada - Apresenta Maria Madalena, conforme vista nos textos gnósticos, como mestra iniciada que compreendia os ensinamentos ocultos de Jesus.

Capítulo 8: Apóstola dos Apóstolos - Detalha o papel de Maria como a primeira a anunciar a Ressurreição, recebendo o título de "Apóstola dos Apóstolos" por sua missão fundamental.

Capítulo 9: Evangelhos Apócrifos - Examina como os evangelhos apócrifos retratam Maria Madalena como discípula central, iniciada e portadora de sabedoria gnóstica.

Capítulo 10: Evangelho de Maria - Analisa o conteúdo do Evangelho de Maria, focando nos ensinamentos sobre a alma transmitidos por ela e o conflito com Pedro.

Capítulo 11: Visão de Maria - Descreve a visão de Maria sobre a jornada da alma após a morte, enfrentando potestades através do conhecimento interior (gnosis).

Capítulo 12: Linguagem Simbólica - Decodifica a linguagem simbólica associada a Maria Madalena em tradições esotéricas, como os sete demônios, o vaso e o beijo.

Capítulo 13: Ensinamentos Gnósticos - Resume os principais ensinamentos gnósticos, como a salvação pelo conhecimento interior (gnosis), refletidos na figura de Maria Madalena.

Capítulo 14: Outros Apócrifos - Explora outras fontes apócrifas e tradições (como a cátara) que reforçam a imagem de Maria Madalena como figura espiritual central.

Capítulo 15: Tradição Gnóstica - Aprofunda a visão da tradição gnóstica, sua cosmologia e como Maria Madalena encarna a Sophia e o caminho da gnose.

Capítulo 16: Tradição Ortodoxa - Analisa como a tradição ortodoxa diminuiu e distorceu a figura de Maria Madalena, transformando-a em símbolo de penitência.

Capítulo 17: Conflito e Marginalização - Examina o conflito entre as visões gnóstica e ortodoxa sobre Maria e as razões e consequências de sua marginalização histórica.

Capítulo 18: Sagrado Feminino - Relaciona a redescoberta de Maria Madalena ao resgate do Sagrado Feminino, vendo-a como símbolo da sabedoria e poder femininos divinos.

Capítulo 19: Maria na Mística - Aborda a figura de Maria Madalena na tradição mística cristã, especialmente a lenda de sua vida contemplativa na França e seu papel inspirador.

Capítulo 20: Legado e Veneração - Descreve o legado e as formas de veneração a Maria Madalena ao longo da história, incluindo sua reabilitação recente e popularidade atual.

Capítulo 21: A Tradição na França - Detalha a forte tradição francesa que localiza a vida tardia e o sepultamento de Maria Madalena na Provença, e a importância espiritual da região.

Capítulo 22: O Culto Medieval - Analisa as características do culto medieval a Maria Madalena, sua iconografia predominante como penitente e a devoção popular e monástica.

Capítulo 23: Simbolismo Esotérico - Explora o simbolismo esotérico de Maria Madalena em tradições como Gnosticismo, Alquimia e Rosacrucianismo, incluindo o Graal e a Rosa Mística.

Capítulo 24: A Linhagem Secreta - Discute a hipótese da linhagem secreta de Jesus e Maria Madalena, interpretando-a mais como uma continuidade espiritual e iniciática.

Capítulo 25: A Madalena nos Evangelhos Modernos - Aborda o ressurgimento de Maria Madalena em "evangelhos modernos" e canalizações, apresentando seus ensinamentos sobre cura e divindade interior.

Capítulo 26: Maria e o Feminino Divino - Aprofunda a conexão entre Maria Madalena e o arquétipo do Feminino Divino (Sophia, Deusa), e seu papel na espiritualidade feminina atual.

Capítulo 27: Caminho de Autocura - Apresenta a jornada de Maria Madalena como um modelo arquetípico para o caminho da autocura e transformação pessoal.

Capítulo 28: Maria e a Sabedoria do Coração - Destaca Maria Madalena como personificação da sabedoria do coração, do conhecimento intuitivo e da espiritualidade baseada no sentir.

Capítulo 29: A Nova Teologia Feminina - Explora o papel central de Maria Madalena na Nova Teologia Feminina, que critica o patriarcado religioso e resgata vozes femininas suprimidas.

Capítulo 30: Espiritualidade Contemporânea - Analisa a influência e a presença marcante de Maria Madalena na espiritualidade contemporânea, para além das religiões tradicionais.

Capítulo 31: O Casamento Sagrado - Explora o arquétipo do Casamento Sagrado aplicado a Jesus e Maria, simbolizando a união mística dos princípios divino masculino e feminino.

Capítulo 32: A Redescoberta da Alma Feminina - Aborda como Maria Madalena simboliza a redescoberta coletiva da alma feminina, suas qualidades e a cura de sua supressão histórica.

Capítulo 33: Maria, Testemunha da Luz - Encerra focando no papel fundamental de Maria como testemunha da luz da Ressurreição, um chamado ao despertar da consciência individual.

Prólogo

Não é comum encontrar um texto que, ao tocar as camadas da história, ressoe ao mesmo tempo nas do inconsciente coletivo. Esta obra o faz — com precisão de arqueóloga e coragem de profeta. Ao abrir suas páginas, percebi que não estava diante de uma biografia, de um ensaio devocional, tampouco de uma apologia teológica. Estava, sim, diante de uma restauração — a tentativa, bem-sucedida, de devolver ao mundo a inteireza de uma figura que por séculos foi fragmentada, distorcida e instrumentalizada: Maria Madalena.

Este livro não é uma reinterpretação. É uma revelação. E o uso dessa palavra não é acidental.

A narrativa aqui construída, página a página, recupera uma verdade deliberadamente silenciada pela maquinaria institucional que moldou o imaginário espiritual do Ocidente. Ao conduzir o leitor pela trajetória de Maria Madalena — não apenas a mulher dos evangelhos, mas o símbolo universal do feminino transcendente — o texto aponta para algo que ultrapassa a reconstrução histórica: ele propõe uma cura coletiva.

O que se apresenta nesta obra é um exercício de memória espiritual. A autora não impõe doutrinas, mas desvela camadas esquecidas de sentido, articulando com maestria fontes canônicas, textos apócrifos e tradições esotéricas. O resultado é uma tessitura complexa, elegante e necessária. Ao invés de cair na armadilha da especulação sensacionalista ou da militância desequilibrada, o texto escolhe o caminho da coerência simbólica, da erudição silenciosa, da verdade intuída.

A figura de Maria Madalena emerge aqui não como exceção, mas como paradigma. Uma mulher que não apenas foi discípula de Jesus, mas foi compreendida por ele em sua inteireza — e, talvez por isso mesmo, tenha se tornado a primeira a vê-lo após a ressurreição. Essa inversão de hierarquia que os evangelhos relatam com parcimônia — e que este livro expande com lucidez — revela algo maior: a possibilidade de uma espiritualidade centrada não no poder eclesiástico, mas na escuta interna, na gnose, na sabedoria encarnada.

O texto parte de uma premissa ousada, mas absolutamente legítima: Maria Madalena não foi prostituta, nem mera pecadora. Essa caricatura serviu a interesses específicos. O que ela foi — e isso é o que este livro resgata com vigor — é uma iniciada. Uma mulher plenamente desperta. Um arquétipo de cura e presença. E é essa imagem restaurada que o leitor encontra aqui, despida de culpas projetadas e de arquétipos colonizados pela moral patriarcal.

Não se trata de um revisionismo feminista no sentido superficial do termo. Trata-se, antes, de um ato de justiça espiritual. Um gesto de reparação simbólica. A autora não reconta a história: ela ilumina as zonas escuras do discurso oficial. E, ao fazer isso, devolve à figura de Maria Madalena sua complexidade, sua profundidade e, acima de tudo, seu brilho. Um brilho que não vem da vitrine dos santos canonizados, mas da chama interior daqueles que viveram e viveram inteiros.

A experiência de leitura deste livro é, para dizer o mínimo, transformadora. Não porque impõe verdades, mas porque convida a uma escuta que é tão racional quanto sensível. As palavras não seduzem com retórica fácil, mas com conteúdo. Cada capítulo opera como uma iniciação — camadas são desveladas, véus caem, compreensões se ampliam. O texto atua como uma espécie de alquimia narrativa: o leitor entra como curioso e emerge como buscador.

Ler este livro é como abrir uma porta que sempre esteve entreaberta, mas que nunca tivemos coragem de escancarar. Ele convida, sem exigência. Convoca, sem urgência. E ainda assim, deixa marcas que não se dissolvem ao fim da leitura. Maria Madalena, aqui, não é apenas lembrada — é restituída. E ao restituí-la, resgatamos também a nós mesmos: aquilo que perdemos quando o sagrado foi dividido entre masculino e feminino, entre corpo e espírito, entre razão e intuição.

É por isso que este livro não deveria ser lido apenas por devotos, estudiosos ou curiosos do cristianismo primitivo. Ele deve ser lido por todos aqueles que sabem, ainda que intuitivamente, que há algo essencial sendo redescoberto nos tempos em que vivemos. Que sentem que a espiritualidade precisa ser reencarnada, curada, reequilibrada.

Não se trata de idolatrar Maria Madalena, tampouco de criar uma nova ortodoxia. Trata-se de reconhecer que nela — e na sua história recuperada — existe um caminho. Um caminho de reconciliação. Um caminho que passa por dentro, pela escuta, pelo coração desperto.

Este livro não é uma obra de fé cega, mas de visão clara. E essa clareza, rara nos tempos de ruído, é talvez o maior dom que ele nos oferece.

Permita-se atravessá-lo. Mas esteja preparado: você não sairá o mesmo.
Luiz Santos
Editor

Capítulo 1
O Início

Na poeira das estradas secas da Galileia, entre vilas que surgiam como miragens no horizonte e o sussurro constante dos ventos que vinham do mar da Galileia, surgiu a figura de uma mulher destinada a ser lembrada e esquecida, exaltada e vilipendiada, reconhecida e ocultada. Maria Madalena. Seu nome, derivado da cidade de Magdala, um centro pesqueiro e comercial na costa ocidental do lago de Genesaré, não era apenas um marcador geográfico, mas um símbolo de origem, de identidade e, para os que vinham a conhecê-la, de mistério.

A Magdala do século I não era uma vila obscura. Pelo contrário, era um ponto estratégico no comércio de peixe salgado e pescado fresco, frequentada por mercadores, pescadores, soldados romanos e líderes religiosos. Nesse ambiente multifacetado, Maria se ergueu. Não se sabe com exatidão sua família ou os detalhes de sua juventude, mas os registros canônicos e extracanônicos sugerem que era uma mulher de recursos, culta o suficiente para acompanhar as nuances dos ensinamentos espirituais, e livre o suficiente para deixar tudo e seguir um rabino itinerante.

Na Palestina do século I, sob domínio romano, o povo judeu experimentava uma tensão constante entre sua identidade religiosa e as imposições do império. Era uma época de messianismo latente, de esperanças escatológicas e de revoltas sufocadas com brutalidade. O nascimento do movimento de Jesus se inscreve neste pano de fundo político e espiritual, onde a expectativa de um libertador era misturada com o desejo de uma renovação interior. Nesse contexto, a presença de mulheres em posições de destaque espiritual era rara e, muitas vezes, mal compreendida ou propositalmente apagada. Mas Maria Madalena rompeu essa lógica com sua presença incômoda e luminosa.

Nos evangelhos canônicos – Mateus, Marcos, Lucas e João – ela é mencionada com uma frequência surpreendente para os padrões da época, onde as mulheres raramente eram citadas com nome próprio. Sua recorrência nas narrativas sugere mais do que uma mera testemunha dos acontecimentos: ela era uma figura central no círculo íntimo de Jesus. Seu nome aparece frequentemente como o primeiro em listas de mulheres seguidoras, o que pode ser interpretado como um sinal de proeminência.

Diz-se que foi libertada de "sete demônios", uma expressão cuja interpretação literal empalidece diante da riqueza simbólica que carrega. Para os judeus daquela época, o número sete representava a totalidade. Ser liberta de sete demônios indicava uma cura completa, profunda, abrangente – não apenas física, mas espiritual, emocional, talvez até social. O gesto de cura, vindo de Jesus, era também uma reintegração, um reconhecimento de sua dignidade, uma restituição de sua essência original. A partir daí, Maria não apenas seguiu o Mestre; ela se tornou uma de suas sustentadoras e porta-vozes mais fiéis.

O evangelho de Lucas (8:1-3) afirma que Maria, junto a outras mulheres, financiava o ministério de Jesus com seus próprios recursos. Essa informação, muitas vezes negligenciada, revela uma verdade desconcertante: o movimento de Jesus, que falava ao coração dos pobres, era sustentado, em parte, por mulheres de posses. Isso desloca a narrativa tradicional e evidencia que o discipulado feminino, longe de ser passivo, era ativo, comprometido e decisivo. Maria Madalena não era apenas uma discípula; era uma patrona, uma líder e, como muitos estudiosos têm reconhecido nos últimos anos, uma apóstola em tudo, exceto no nome oficializado.

Quando a tempestade da Paixão se abateu sobre o grupo de Jesus, quando os gritos ecoaram em Jerusalém, quando os soldados marcharam com suas armaduras ressoando nas pedras do Gólgota, Maria permaneceu. Ela estava lá, aos pés da cruz, quando muitos fugiram. Estava lá quando o corpo foi depositado no túmulo emprestado. E foi ela, de todas as pessoas, a primeira a testemunhar a pedra removida, o túmulo vazio e, mais profundamente, a manifestação do Cristo ressuscitado.

Esse evento, registrado com variações em todos os quatro evangelhos, confere a Maria um papel insubstituível na teologia cristã: o de ser a primeira anunciadora da Ressurreição. Sua reação não foi apenas de espanto ou júbilo – foi de prontidão, de anúncio, de missão. Ela correu, anunciou, enfrentou a incredulidade dos outros discípulos. O simbolismo é imenso: o nascimento da fé pascal – a essência do cristianismo – foi confiado a uma mulher, a uma marginalizada, a uma testemunha cujas palavras foram, inicialmente, desconsideradas. Isso diz mais sobre a natureza do Reino de Deus do que qualquer sermão.

A importância histórica de Maria Madalena é reforçada ainda mais pelo fato de ter sido reconhecida como santa por diversas tradições cristãs, incluindo a católica, a ortodoxa e a anglicana. No entanto, ao longo dos séculos, essa mesma figura foi submetida a um processo de distorção que serviu aos interesses do patriarcado e do dogmatismo eclesiástico. A partir do século VI, com a pregação do papa Gregório Magno, Maria foi associada à pecadora anônima que unge os pés de Jesus com perfume e lágrimas, numa fusão apressada e interessada entre três figuras femininas distintas. Com isso, sua autoridade espiritual foi substituída por um modelo de penitência e submissão. O que era poder e sabedoria foi reduzido a pecado e arrependimento.

Mesmo assim, a figura de Maria resistiu. Na arte, na devoção popular, na mística cristã, seu nome continuou a ser sussurrado como símbolo de amor radical, de fidelidade além da morte, de presença que transcende o silêncio imposto. O seu culto floresceu, sobretudo na França medieval, onde lendas falavam de sua chegada às costas da Provença, de seu retiro nas cavernas de Sainte-Baume, de seus ensinamentos ocultos.

O que se desvela ao observar Maria Madalena com olhos limpos, livres das distorções impostas, é o retrato de uma mulher que habitava as margens da história oficial, mas que, paradoxalmente, estava no centro dos acontecimentos mais revolucionários do cristianismo nascente. Uma mulher cuja origem em Magdala não a limitava, mas a empoderava; cuja libertação interior não a diminuía, mas a alçava como exemplo de cura e entrega; cuja presença constante ao lado de Jesus não era decorativa, mas profundamente transformadora.

A história do cristianismo, quando lida com atenção, revela que os primeiros passos da fé foram dados em solo fecundado pela coragem feminina. E Maria Madalena, em toda a sua complexidade, é o rosto mais emblemático dessa presença. Ela não foi apenas uma seguidora. Foi visionária, testemunha, proclamadora, ponte entre o visível e o invisível.

Em tempos em que a autoridade era definida por gênero e linhagem, a presença de Maria Madalena desponta como uma interrupção necessária, como uma fenda por onde a luz irrompe na narrativa oficial. Sua trajetória sugere que o discipulado não se conformava a estruturas rígidas, mas se moldava ao coração de quem ouvia e respondia ao chamado com inteireza. O fato de ela ter sido a primeira a ver o Ressuscitado não é apenas um dado biográfico — é uma reviravolta teológica, uma inversão das expectativas humanas que ecoa a essência do ensinamento de Jesus: os últimos serão os primeiros, os invisíveis serão os portadores da revelação.

À medida que séculos de doutrina tentaram domar sua figura, encaixando-a em arquétipos palatáveis, Maria Madalena permaneceu como uma inquietação. Por trás dos véus impostos pela tradição, seu rosto insiste em emergir com nuances de autonomia, mística e sabedoria. Talvez por isso, tantas mulheres ao longo da história tenham se identificado com ela, não como modelo de culpa, mas como farol de reconciliação entre o sagrado e o humano. Seu legado não se limita ao que foi registrado; ele pulsa nos espaços de silêncio, nos evangelhos que não foram canonizados, nas intuições que sobreviveram nas margens da fé.

Encerrar esse primeiro olhar sobre Maria Madalena é reconhecer que seu nome carrega uma promessa ainda em curso: a de que a verdade, mesmo sufocada por séculos de interpretações, tem o poder de reencontrar seu próprio caminho. A mulher de Magdala, aquela que ousou amar com radicalidade e crer sem garantias, não apenas habitou a história — ela a transformou. E talvez seja justamente por isso que, ainda hoje, seguimos voltando a ela, como quem retorna a uma fonte que nunca se esgota.

Capítulo 2
Discípula de Jesus

Não havia título, linhagem ou instituição que validasse os escolhidos do Nazareno. Ele passava entre pescadores, coletores de impostos, prostitutas, leprosos e mestres esquecidos, e entre eles via a centelha – aquele brilho que não podia ser compreendido pelas leis do templo nem pelo rigor dos escribas. Foi nesse olhar que Maria Madalena foi encontrada. Não por acaso, mas por necessidade espiritual. Ela, que viera de Magdala com feridas invisíveis, carregava em si uma potência que o próprio tempo não conseguiu apagar.

A menção à expulsão dos "sete demônios" que dela saíram não descreve uma cena de histeria ou possessão no sentido teatral das narrativas antigas. Ao contrário, aponta para um processo profundo de cura interior. Sete, na tradição judaica, é número de plenitude. Portanto, esses demônios não eram apenas entidades, mas dores ancestrais, traumas pessoais, padrões de comportamento que aprisionavam sua alma e a impediam de viver a inteireza de sua verdade. A libertação que Jesus lhe ofereceu não foi apenas de uma opressão espiritual, mas de toda uma estrutura interior que precisava ruir para dar lugar a algo novo.

A partir desse encontro, Maria não retornou à vida comum. Não se refugiou na gratidão passiva dos que foram curados. O que houve foi um deslocamento completo de sua existência: ela entrou no caminho. O termo "seguir", nos evangelhos, vai além de caminhar atrás. Implica uma adesão radical de vida, um alinhamento de mente, corpo e espírito ao movimento do Mestre. Maria Madalena se fez discípula não por imposição, mas por vocação ardente. E esse discipulado foi diferente, pois atravessava o sagrado feminino em uma época que tentava silenciá-lo.

Maria não dependia financeiramente de um pai, marido ou irmão. O evangelho de Lucas a apresenta como uma das mulheres que sustentavam o ministério de Jesus com seus próprios bens. Essa pequena frase, facilmente ignorada, tem implicações enormes. Mostra que ela era dona de seus recursos e de sua decisão. Financiava o Reino não por obrigação, mas por discernimento. Escolhia destinar seu patrimônio ao projeto de transformação que via nascer nos passos do Nazareno. E isso a colocava não apenas como seguidora, mas como liderança efetiva, alguém que contribuía para que o caminho pudesse acontecer, mesmo nas sombras da escassez.

A vida itinerante com Jesus não era leve. Caminhavam longas distâncias, enfrentavam perseguições, dormiam ao relento, jejuavam por necessidade. Mas ela estava lá. Maria Madalena não desaparecia nas dificuldades. Quando muitos abandonaram, ela permaneceu. A cada milagre testemunhado, a cada parábola ouvida, sua fé se enraizava, não na promessa de recompensa, mas no reconhecimento de que ali, naquele homem de palavras ardentes e gestos firmes, havia verdade. Uma verdade que não se explicava em doutrinas, mas se sentia na pele e no espírito.

Enquanto os discípulos homens frequentemente tropeçavam em seus egos, disputando lugares de destaque, perguntando quem seria o maior, Maria absorvia. O Evangelho de João, mesmo sendo o mais teológico, a trata com uma reverência peculiar. Em nenhum momento ela é desmerecida. E mesmo os evangelhos sinóticos a mantêm presente nos momentos cruciais, como uma testemunha silenciosa, mas fundamental. Ela não pregava nas sinagogas, não discutia com os fariseus, não caminhava sobre as águas, mas estava sempre lá, onde a presença era mais necessária: ao pé da cruz, junto ao túmulo, diante da ressurreição.

O silêncio institucional sobre sua liderança é, em si, um indício. A ausência de menção explícita a suas pregações ou ensinamentos nos textos canônicos contrasta com sua evidência em momentos decisivos. Essa ausência diz mais sobre os filtros dos narradores do que sobre sua real influência. No mundo patriarcal do século I, reconhecer uma mulher como líder espiritual equivalia a desafiar os pilares da sociedade. Mas, mesmo assim, seu nome persistiu. Não puderam apagá-la. Porque Maria não era apenas uma figura histórica. Era um símbolo. A mulher livre, íntegra, profundamente comprometida com o Divino.

Ela não só acompanhava Jesus, mas o compreendia. Muitos viam milagres, ela via mistério. Outros ouviam palavras, ela escutava a verdade por trás do som. A profundidade de sua escuta era espiritual. Por isso, mesmo sem os títulos eclesiásticos ou funções sacerdotais, sua presença no grupo era essencial. E não era invisível para os que tinham olhos para ver. Diversos evangelhos apócrifos – não reconhecidos oficialmente, mas ricos em sabedoria – apresentam Maria como alguém que compreendia os ensinamentos ocultos de Jesus, capaz de dialogar com ele sobre os mistérios do Reino, mesmo quando os outros discípulos se mostravam confusos ou receosos.

Sua fidelidade não foi apenas emocional. Era uma fidelidade consciente, madura, sustentada por uma compreensão íntima do projeto do Reino. Enquanto Pedro negava e Tomé duvidava, Maria permanecia firme. Não por ausência de medo, mas por presença de fé. Sua entrega era fruto de uma escolha, não de uma ingenuidade. E essa entrega a transformava diariamente. Ela se tornava o ensinamento que seguia. Sua vida era o evangelho encarnado, não apenas ouvido.

É importante perceber que, naquele tempo, a figura da mulher estava restrita ao espaço doméstico, à função de esposa ou mãe. A mulher pública era vista com desconfiança. E, no entanto, Maria Madalena circulava com liberdade ao lado de homens, em movimento, em espaços sagrados. Ela tocava, era tocada, falava, ouvia, decidia. Sua presença desafiava a norma. Era transgressora no mais alto sentido espiritual:

rompia com as amarras da cultura para viver uma verdade maior.

A transformação de Maria foi mais do que pessoal. Ela assumiu um papel dentro de uma nova ordem espiritual que estava nascendo. Um Reino que não dependia de títulos, mas de disponibilidade interior. Um Reino onde os últimos seriam os primeiros, onde os puros de coração veriam Deus, onde os humildes herdariam a Terra. Ela entendeu isso. Não como uma doutrina a ser repetida, mas como uma vida a ser vivida. Seu discipulado era ação silenciosa e poderosa. Quando a dor atravessava o grupo, ela era consolo. Quando o medo paralisava os outros, ela era presença. Quando tudo parecia perdido, foi ela quem viu o impossível acontecer.

Maria Madalena transcende os limites da sua época porque ela viveu o que Jesus ensinou antes que as palavras fossem registradas. Ela foi a encarnação de uma fé viva, prática, transformadora. E por isso, mais do que uma seguidora, ela foi uma construtora silenciosa do Reino. Sua história, tantas vezes obscurecida, é uma luz que insiste em brilhar. Uma chama que se mantém acesa para aqueles que ainda buscam uma espiritualidade que inclua, que cure e que liberte.

A figura de Maria Madalena se inscreve com força singular não apenas como uma presença fiel, mas como uma consciência desperta dentro do movimento de Jesus. Em um grupo marcado por tensões internas, dúvidas e vacilações, ela representava a solidez de quem compreendia o processo por dentro. Sua jornada espiritual não se limitava à adesão a um mestre carismático, mas à vivência profunda de uma transformação que tocava todas as esferas do ser. Maria compreendia a mensagem de Jesus porque já a havia experimentado na própria carne: ela era testemunha não só dos milagres externos, mas da transfiguração interior que torna alguém capaz de amar além do medo, servir além do ego, permanecer além da dor.

Essa sabedoria silenciosa, tantas vezes ignorada pelas estruturas institucionais que viriam depois, ecoa com ainda mais vigor quando confrontada com os escritos que lhe dão voz ativa, como o Evangelho de Maria. Ali, a discípula se destaca como alguém que interpreta, consola e ensina. Seu papel como mediadora entre o visível e o invisível, entre os mistérios revelados e os corações inseguros, revela uma liderança que não buscava o poder, mas a verdade. Enquanto o mundo ao redor exigia obediência às formas, Maria se alinhava à essência. E é essa fidelidade ao centro da mensagem que a faz ultrapassar os limites do tempo e da narrativa.

Encerrar este mergulho em sua figura como discípula é também reconhecer a potência do que permanece oculto. Maria Madalena não precisou de púlpitos ou decretos para tornar-se mestra. Ela foi mestra na escuta, na presença, na fidelidade que não recua. Seu discipulado não foi construído pela autoridade conferida, mas pela autoridade vivida. E por isso, cada passo seu ao lado de Jesus continua a ressoar como um convite: o de seguir não apenas com os pés, mas com todo o ser; o de amar com entrega; o de viver com inteireza.

Capítulo 3
Mitos e Verdades

A história que foi contada sobre Maria Madalena atravessou os séculos como um véu denso, costurado por mãos masculinas e sustentado por interesses que jamais se preocuparam em conhecer a verdade de sua alma. O que se manteve por tanto tempo foi uma imagem caricata, conveniente e falseada, criada não a partir das escrituras, mas da necessidade de conter a força de uma mulher que ousou ser livre, presente e sagrada num mundo que insistia em calar o feminino.

Durante os primeiros séculos do cristianismo, Maria Madalena era lembrada como a apóstola dos apóstolos, aquela que viu o Ressuscitado e anunciou sua vitória àqueles que o haviam seguido de perto. Não havia dúvida entre os primeiros cristãos quanto à sua importância. Sua presença nos evangelhos não era decorativa nem incidental, mas central. No entanto, por trás dos textos que chegaram até nós, esconde-se uma disputa de poder. E como em toda estrutura em que a hierarquia precisa de silêncio para se manter, o feminino foi o primeiro a ser sacrificado.

A transformação de Maria Madalena de apóstola em prostituta não ocorreu por acaso, nem se baseou em qualquer dado bíblico. Foi uma construção tardia, oficializada no século VI, quando o papa Gregório Magno, em uma homilia, fundiu três figuras femininas em uma só: Maria Madalena, a pecadora anônima que unge os pés de Jesus em Lucas 7, e Maria de Betânia, irmã de Marta e Lázaro. A partir dessa fusão, Maria Madalena passou a ser identificada como a "pecadora arrependida", uma mulher que teria levado uma vida dissoluta e, tocada pela compaixão do Mestre, teria se convertido e passado a segui-lo. Esse retrato passou a dominar a iconografia, a pregação e a memória coletiva do Ocidente cristão.

No entanto, nenhum dos evangelhos afirma que Maria Madalena foi prostituta. Nenhum deles descreve sua vida anterior com detalhes. A única informação clara é a de que ela havia sido curada por Jesus e que, a partir disso, passou a segui-lo. A associação com a prostituição nasceu de uma leitura enviesada, sustentada por uma cultura que enxergava na mulher independente uma ameaça à ordem estabelecida. Para o patriarcado eclesiástico, era mais aceitável que a discípula de Jesus tivesse um passado "pecaminoso" do que reconhecer nela uma líder espiritual legítima.

Ao reduzir Maria Madalena à figura da pecadora, a Igreja institucional garantiu que seu exemplo fosse compreendido apenas como símbolo de arrependimento, não de liderança. Era mais seguro promovê-la como mulher convertida do que como apóstola. Assim, sua autoridade espiritual foi substituída por uma função moralizadora. Ela se tornou o espelho das mulheres culpadas, um aviso para aquelas que ousassem sair do espaço doméstico ou da obediência ao homem. A mulher forte e comprometida com o projeto de Jesus deu lugar à mulher humilhada, domesticada e redimida pelo perdão masculino.

Essa distorção não apenas apagou sua verdadeira identidade, como moldou séculos de teologia e espiritualidade. A penitente de cabelos soltos, ajoelhada aos pés de Cristo, dominou as imagens medievais, enquanto sua função apostólica foi silenciada nos púlpitos. As igrejas a celebravam como santa, mas não lhe reconheciam voz. A devoção popular lhe pedia intercessão, mas a teologia oficial a mantinha submissa. E assim, uma das figuras mais luminosas do cristianismo foi transformada em sombra.

Com o advento da modernidade e, mais recentemente, com os estudos bíblicos contemporâneos e a arqueologia textual, essa máscara começou a cair. Pesquisadores e estudiosos voltaram às fontes, aos textos originais, às evidências históricas. E o que encontraram foi uma mulher que jamais foi identificada como prostituta, mas sempre esteve entre os discípulos mais próximos de Jesus. Uma mulher cujo nome aparece mais vezes do que o de muitos apóstolos. Uma mulher que esteve presente na Paixão, na Morte, no Sepultamento e na Ressurreição.

Ao analisar os evangelhos, vê-se que Maria Madalena não apenas acompanhava Jesus, mas estava entre os poucos que não o abandonaram nos momentos finais. Isso contrasta fortemente com a atitude dos discípulos homens, que fugiram, se esconderam, negaram. O texto de João 20 descreve seu encontro com o Ressuscitado com uma ternura e profundidade incomuns. Jesus a chama pelo nome. E ao reconhecê-lo, ela é enviada: "Vai a meus irmãos e dize-lhes que eu subo para meu Pai e vosso Pai." Ela se torna a mensageira do evento que muda toda a história da fé cristã. E isso não é simbólico. É literal. Maria Madalena foi a primeira pregadora da ressurreição.

Essa reabilitação histórica de sua imagem não é um ajuste moderno por simpatia feminista. É um ato de justiça baseado nos próprios textos sagrados. É o resgate de uma verdade que foi deliberadamente distorcida. A recuperação de sua autoridade espiritual é também um convite a repensar o papel das mulheres na tradição cristã e no mundo religioso como um todo.

A imagem errônea de Maria como prostituta serviu para justificar a exclusão das mulheres da liderança eclesial. Serviu para sustentar estruturas que se dizem divinas, mas que foram moldadas pelo medo da mulher espiritualizada, lúcida e autônoma. A mulher que pensa, fala, ensina e transforma. Ao longo da história, muitas outras "Madalenas" foram silenciadas, queimadas, ridicularizadas. Por isso, redescobrir a verdadeira Maria é também redescobrir todas aquelas que vieram depois dela.

Em paralelo a esse processo de deturpação, houve sempre movimentos que mantiveram viva sua memória em sua forma original. Os textos gnósticos, descobertos em Nag Hammadi em 1945, apresentam uma Maria Madalena muito diferente da imagem tradicional. Nesses textos, ela é mestra, visionária, intérprete dos ensinamentos secretos de Jesus. Diáloga com os discípulos, enfrenta Pedro, lidera discussões. Sua autoridade é reconhecida pelos céus, contestada apenas por aqueles que ainda estavam presos à visão estreita da masculinidade dominante. Esses textos, embora considerados heréticos pelos concílios da ortodoxia, oferecem uma visão rica e poderosa da espiritualidade cristã primitiva, onde o feminino tinha lugar, palavra e luz própria.

Desmontar os mitos que aprisionaram Maria Madalena não significa apenas fazer justiça a uma mulher. Significa restaurar o equilíbrio espiritual de toda uma tradição. Significa reconhecer que o Cristo ressuscitado confiou a mensagem mais importante não a uma estrutura hierárquica, mas a um coração desperto. Maria Madalena é a ponte entre o visível e o invisível, entre o histórico e o místico, entre o humano e o divino.

Maria Madalena, redescoberta em sua inteireza, transforma não apenas o olhar sobre si mesma, mas sobre toda a arquitetura da fé que a envolveu. Sua imagem reconstruída não exige piedade, e sim respeito; não sugere submissão, mas revelação. Ela nos obriga a rever o que compreendemos por autoridade espiritual, por discipulado e por presença no sagrado. Sua trajetória revela que a verdade, mesmo enterrada sob camadas de conveniência, tem raízes profundas demais para ser arrancada. Quando a narrativa dominante tenta silenciar uma mulher cuja vida se entrelaça com a origem da fé cristã, o que se cala não é apenas uma voz, mas a possibilidade de um outro modo de crer, mais inclusivo, mais íntegro, mais humano.

Na figura de Maria se encontram todos os elementos que foram sistematicamente apartados da história religiosa oficial: a sabedoria intuitiva, a liderança sem violência, a fé que não se impõe, mas que acolhe e ilumina. A insistência em revivê-la como pecadora diz mais sobre o medo do feminino sagrado do que sobre ela própria. E, no entanto, sua memória atravessou séculos como brasa acesa sob as cinzas, pronta para reacender. Sua recuperação não é uma tentativa de reparação simbólica, mas o reencontro com uma verdade que pode regenerar o próprio coração do cristianismo. Ela nos lembra que o anúncio da ressurreição não veio do púlpito nem do trono, mas da boca de uma mulher que havia aprendido a escutar o silêncio de Deus.

Ao nos debruçarmos sobre os mitos que a cercam, não buscamos apenas corrigir um erro histórico, mas abrir caminho para uma espiritualidade mais justa. Uma espiritualidade onde mulheres não sejam personagens coadjuvantes, mas protagonistas da revelação. Maria Madalena, com sua escuta profunda, sua coragem radical e sua fidelidade silenciosa, permanece como sinal de que a luz não pode ser contida pelas estruturas do poder. Ao retomar seu lugar entre os pilares do cristianismo nascente, ela nos convida não apenas a rever o passado, mas a reimaginar o futuro da fé. Um futuro em que todos — homens e mulheres — sejam reconhecidos não por títulos, mas pela verdade que carregam no espírito.

Capítulo 4
Conversão Interior

Não há fogo externo que transforme uma alma com a mesma profundidade do fogo interior. A verdadeira conversão é silenciosa e invisível aos olhos do mundo, mas irradia como um sol secreto que altera o destino de quem a vive. Foi esse tipo de transmutação que Maria Madalena atravessou. Uma jornada sem retorno que a conduziu da fragmentação à inteireza, do tormento à lucidez, da ausência à presença plena. Sua transformação não foi apenas um gesto místico pontual, mas um processo de renascimento contínuo, uma entrega radical ao chamado de um amor que dissolvia prisões internas.

Quando os textos falam que Jesus expulsou dela sete demônios, revelam mais do que uma libertação espiritual. Descrevem um rito de passagem. Não uma cena dramática de exorcismo, mas o encontro com uma força regeneradora que penetrava as camadas mais densas do ser. Os demônios, aqui, são arquétipos, expressões do que há de caótico, de reprimido, de não curado em cada ser humano. Sete vícios, sete feridas, sete véus. Maria, antes de se tornar discípula, teve de atravessar seus próprios abismos. E não o fez sozinha. Fez com o olhar daquele que via além da superfície, daquele que reconhecia a essência escondida atrás dos escombros.

A cura que recebeu foi integral. E foi essa cura que a empurrou para a estrada, para a vida errante com o Mestre, para a existência sem garantias, mas cheia de sentido. Maria Madalena deixou o que era conhecido, confortável e seguro. Muitos textos apócrifos e tradições orais afirmam que ela doou todos os seus bens aos pobres e entregou-se de corpo e alma ao discipulado. Não por obrigação, mas por coerência. A cura autêntica exige movimento. E o movimento dela foi de entrega absoluta à nova identidade que nascia.

A conversão, nesse contexto, não é o abandono de um pecado moralista, mas o retorno ao centro. Um retorno ao divino que habita em cada ser e que, muitas vezes, fica soterrado por dores acumuladas, por crenças limitantes, por padrões herdados. Maria, ao se curar, lembrou-se de quem era. Despertou. E o despertar espiritual é sempre uma forma de lembrança. Não há nada a adquirir, mas muito a ser desvelado. Sua trajetória torna-se, então, um mapa arquetípico para qualquer um que deseje percorrer o caminho da transformação interior.

Sua conversão foi visível em sua postura, em sua fidelidade, em sua forma de amar sem exigências. Não buscava reconhecimento, não exigia retribuição, não esperava privilégios. Caminhava, ouvia, cuidava, sustentava. A transformação espiritual verdadeira se expressa nas ações mais simples, e Maria é o exemplo vivo dessa maturidade. Não era conduzida por emoções voláteis, mas por uma certeza interior que transbordava em serviço.

Esse caminho de renascimento também a libertou dos papéis tradicionais da época. Ela não precisava mais ser filha de, esposa de, protegida de. Era ela mesma, em sua essência restaurada. A mulher que atravessou as sombras e voltou com uma luz que não se apagaria. E isso, por si só, já era uma revolução. O discipulado de Maria Madalena não foi apenas uma decisão ética, mas uma afirmação ontológica: ela escolheu ser quem realmente era, e não o que o mundo esperava que fosse.

As tradições gnósticas, que mantêm viva a memória esotérica do cristianismo, reconhecem esse processo com reverência. Para os gnósticos, a libertação ocorre através do conhecimento, da gnosis – o saber interior, intuitivo, que brota da alma desperta. Maria Madalena, curada e consagrada, torna-se símbolo dessa sabedoria encarnada. Sua conversão não a tornou uma penitente lamentosa, mas uma mestra em formação. Alguém capaz de inspirar, de ensinar, de conduzir outros à própria reconciliação com o divino.

Essa dimensão de sua história foi sistematicamente ignorada pela tradição ortodoxa. Preferiram fixá-la como modelo de arrependimento, pois é mais fácil controlar almas culpadas do que corações livres. Mas a verdade persiste nas entrelinhas dos textos, nos evangelhos não canonizados, na memória dos que não esqueceram. Maria não apenas se converteu – ela se transfigurou. E sua transfiguração não foi privilégio místico, mas possibilidade humana. Sua vida é um testemunho de que qualquer ser, por mais fragmentado que esteja, pode reencontrar sua inteireza ao se abrir à luz.

Esse reencontro, porém, exige coragem. A mesma coragem que Maria teve para olhar seus demônios, para deixar suas amarras, para confiar no invisível. A mesma coragem para não voltar atrás, mesmo diante da solidão, da incompreensão, do abandono. Porque o caminho da alma desperta é, muitas vezes, solitário. E Maria conheceu o gosto amargo da incompreensão. Mas mesmo assim, seguiu. E é isso que a torna tão poderosa.

Ela representa a renovação espiritual como um processo vivo, contínuo, visceral. Sua imagem resgatada não é apenas a de uma santa, mas a de uma mulher que ousou curar-se e viver a partir dessa cura. E isso a torna símbolo não apenas para as mulheres, mas para todos os seres que sentem o chamado de retornar à sua essência. Ela é arquétipo do renascimento, da liberdade interior, da força que emerge do quebrantamento.

Maria Madalena, nesse capítulo de sua jornada, torna-se espelho. Espelho da alma que se reconhece além das feridas. Espelho da coragem que aceita descer às próprias trevas para encontrar a luz. Espelho do coração que, ao se encontrar, se torna ponte para que outros também se reencontrem. Sua conversão não foi o fim, mas o início de uma travessia espiritual que ainda ecoa nos que escutam com o espírito.

Ao compreendermos a conversão interior de Maria Madalena como um gesto de radicalidade espiritual e não como um arrependimento moral, abrimos os olhos para uma espiritualidade que não julga, mas acolhe; que não condena, mas revela. Essa conversão, que desmantelou estruturas internas antes invisíveis, é a mesma que desafia estruturas externas que sustentam poderes caducos. Em vez de submeter-se ao silêncio imposto, Maria encarnou uma liberdade que não gritava, mas permanecia. E nessa permanência, sua presença se impôs como uma força serena, capaz de transformar o ambiente ao redor pela simples coerência entre o que era e o que vivia.

O processo que ela viveu não está restrito ao passado nem à sua figura. Cada ser humano, ao entrar em contato com o que há de mais verdadeiro dentro de si, percorre uma via semelhante: de sombra à consciência, de dor à clareza, de desintegração à completude. Maria Madalena apenas antecipou esse caminho com um grau de lucidez raro, mas acessível. Sua história mostra que o divino não exige perfeição, mas disponibilidade; não cobra pureza, mas entrega. Por isso, sua trajetória ressoa tanto em quem já não se contenta com ritos vazios, mas busca uma espiritualidade encarnada, transformadora, viva.

Encerrar esta reflexão é, na verdade, reconhecer que a conversão interior é apenas o início de um caminho sem fim: o da autenticidade. Maria Madalena não foi transformada para ser moldada ao padrão religioso vigente, mas para tornar-se ainda mais plenamente ela mesma. E nesse ser inteiro, curado e desperto, ela nos mostra que a verdadeira fé não é crença cega, mas visão restaurada. Uma visão que enxerga com o coração, discerne com a alma e escolhe, dia após dia, permanecer fiel à luz que um dia a encontrou no meio da escuridão.

Capítulo 5
Testemunha Fiel

Em meio ao tumulto que precedeu a crucificação, entre as sombras que se estendiam sobre Jerusalém e o som metálico das lanças romanas batendo contra o chão de pedra, Maria Madalena caminhava com firmeza. Seus passos, guiados pela fidelidade e não pelo medo, a conduziam ao centro da dor, ao epicentro do fim aparente, ao Gólgota. Enquanto os discípulos homens desapareciam, escondidos pela angústia e pela autopreservação, ela permanecia. Estava ali, não por obrigação, mas por amor. Um amor que não recuava diante da morte, mas a enfrentava com a dignidade de quem conhecia a verdade por trás do véu.

Maria Madalena não foi apenas uma presença silenciosa no Calvário; ela foi o coração pulsante da compaixão naquele cenário de horror. Os evangelhos canônicos não a descrevem como chorosa ou desesperada, mas presente, firme, testemunha. Seu olhar atravessava o sangue e os gritos, fixo no rosto do Mestre que agonizava. Havia nela uma força que não podia ser explicada por palavras – uma força oriunda da entrega total. Ela estava ali não para ser vista, mas para ver. Não para consolar, mas para sustentar com sua presença a verdade que desmoronava diante dos olhos do mundo.

Entre os poucos que assistiram à crucificação até o fim, Maria Madalena se destaca como a única cuja presença se estende desde a morte até o sepultamento e, enfim, à ressurreição. Nenhum outro discípulo viveu essa continuidade. Nenhum outro corpo, além do seu, atravessou todas as camadas do mistério pascal. Ela foi o fio invisível que ligou a cruz ao túmulo vazio, a dor à revelação, a escuridão ao início da luz. E, por isso, não é à toa que os evangelhos a descrevem como a primeira a ver o Cristo ressuscitado. Ela foi escolhida porque esteve sempre ali.

O evangelho de João é particularmente revelador nesse ponto. Na manhã do terceiro dia, Maria Madalena vai ao sepulcro. Vai sozinha. Vai movida por um amor que não reconhece limites temporais. Não busca milagres; busca o corpo. Quer ungir os restos daquele que foi sua esperança. Vai sem saber como mover a pedra, sem entender os guardas, sem ter qualquer certeza além do impulso de honrar a morte com a última forma de ternura que podia oferecer. E, no entanto, o que encontra é o vazio.

Chora, confusa, até ouvir uma voz. Uma voz que ela não reconhece de imediato. A dor obscurece a percepção. Mas quando Jesus a chama pelo nome – "Maria" – tudo muda. A intimidade desse chamado rasga o véu da tristeza. Ela o reconhece. Ele está vivo. E, então, Maria torna-se a primeira a testemunhar a vitória da vida sobre a morte. A primeira a saber. A primeira a ver. A primeira a ser enviada.

Esse envio é crucial. "Vai e anuncia." O Cristo não apenas se manifesta a ela, mas confia a ela a mensagem que daria início à fé pascal. É ela quem deve levar aos discípulos a notícia de que a morte foi vencida. Essa missão a torna não uma mera coadjuvante da história, mas protagonista. Sua voz inaugura o evangelho. Sua palavra antecede todas as pregações apostólicas. Seu testemunho é o fundamento da fé cristã.

Mas o que Maria encontra ao compartilhar essa verdade é a incredulidade. Os discípulos não acreditam. A resistência ao testemunho feminino é tão antiga quanto persistente. Pedro e os outros vão verificar o túmulo. A autoridade do seu anúncio é colocada em dúvida. Mesmo diante da evidência, o que disseram era "como delírio". E, no entanto, Maria não recua. Ela sabe o que viu. E a fidelidade ao que viu é o que a sustenta. Ela não precisa convencer. Precisa apenas ser fiel ao que lhe foi revelado.

Essa fidelidade é o eixo de sua vida espiritual. Maria não abandonou o Cristo nos momentos de maior dor. Foi a única que permaneceu. Sua presença constante revela uma forma de discipulado que transcende o aprendizado racional. É uma fidelidade enraizada no coração, na escuta, na comunhão silenciosa com o mistério. É por isso que ela o reconhece antes dos outros. Porque já o conhecia com o olhar da alma.

Ao longo dos séculos, essa fidelidade foi abafada sob interpretações que a diminuíam. Mas ela permaneceu. Em cada igreja rural onde seu nome era sussurrado nas preces simples. Em cada representação artística onde ela segurava o vaso de unguento, símbolo do amor que não desiste. Em cada místico que reconheceu nela não a pecadora, mas a amiga íntima do

Cristo. E mais: a que estava pronta para ver o invisível quando todos viam apenas o fim.

A figura de Maria Madalena desafia as estruturas da religião formal porque sua autoridade não depende de títulos. Ela não foi ungida por homens. Foi enviada pelo próprio Ressuscitado. Seu apostolado nasce da experiência direta, do encontro místico, da fidelidade inquebrantável. Por isso, é chamada de "Apóstola dos Apóstolos". E essa designação não é uma honra póstuma. É o reconhecimento de um fato teológico: ela foi a primeira a anunciar a ressurreição, a primeira a evangelizar.

Esse título, que durante séculos circulou apenas entre correntes místicas e minorias espirituais, foi oficialmente reconhecido pelo Vaticano em 2016. Um gesto tardio, mas simbólico. O que os estudiosos já sabiam e os devotos sentiam foi, enfim, admitido pela instituição: Maria Madalena é apóstola. Não por imposição clerical, mas por eleição divina.

Sua presença na Paixão e na Ressurreição revela uma espiritualidade encarnada, corajosa, intuitiva. Ela representa a fusão entre o amor humano e o discernimento espiritual. Sua fidelidade não é cega; é lúcida. É uma fidelidade que sabe do risco, mas o assume porque compreende o valor do que está sendo vivido. Ela não ficou à margem. Esteve no centro. E isso muda tudo.

A tradição cristã, ao se reconciliar com Maria Madalena, também se reconcilia com o feminino espiritual. Com a sabedoria da presença. Com a coragem do silêncio. Com o poder da intuição. Com a fé que não precisa de certezas para permanecer. Ela é testemunha não apenas da ressurreição de Jesus, mas da possibilidade de uma fé que ressurge das cinzas da história, que renasce mesmo quando tentam enterrá-la sob camadas de dogma e medo.

Ser testemunha fiel não é apenas narrar o que os olhos viram, mas permanecer ligada àquilo que o coração reconheceu como verdadeiro. Maria Madalena viveu essa fidelidade não como dever, mas como vocação interior. Sua memória não se sustenta apenas nos textos, mas no impacto que sua presença gerou nos acontecimentos mais decisivos da fé cristã. Ela esteve onde muitos não suportaram estar, viu o que muitos não foram capazes de enxergar, e sustentou a verdade com a serenidade dos que não dependem da aprovação alheia para permanecerem de pé. Essa fidelidade não se dobra diante da dúvida, porque nasce do encontro transformador com o Mistério.

O silêncio de Maria Madalena diante da incredulidade dos outros discípulos não é sinal de submissão, mas de profundidade. Ela não precisa disputar espaço nem provar sua experiência. A fidelidade que a move não exige plateia, pois é movida por uma certeza que está além da lógica. Por isso, seu testemunho ecoa com tanta força nas margens da história: é ali, onde o institucional vacila, que sua voz sutil ainda ressoa. Sua figura resgatada é um lembrete de que a fé genuína não precisa de reconhecimento oficial para florescer. Ela brota onde há disponibilidade para ver o invisível, para crer no impossível, para amar até o fim.

Encerrar este capítulo é reconhecer que Maria Madalena nos convida não apenas a admirar sua história, mas a imitá-la. Ser testemunha fiel, à semelhança dela, é viver com coragem o que o espírito revela, mesmo quando isso contradiz o que o mundo espera. É permanecer, mesmo quando tudo parece perdido. É anunciar, mesmo quando ninguém acredita. É amar, mesmo quando a esperança vacila. Maria, com sua presença inabalável e sua escuta afiada, nos mostra que a verdadeira autoridade espiritual nasce do amor que não desiste – e essa fidelidade, mais do que qualquer título, é o que a torna eterna.

Capítulo 6
Laço Afetivo

Muito além da factualidade histórica, existe uma dimensão da relação entre Jesus e Maria Madalena que escapa às tentativas de controle dogmático. Há uma intimidade ali que nenhuma doutrina conseguiu apagar. Uma proximidade que resiste ao tempo e às interpretações reducionistas. O vínculo entre eles ultrapassa a categoria mestre-discípula e adentra uma esfera espiritual mais profunda, onde o encontro entre ambos se transforma em símbolo de um amor que não é apenas humano, mas arquetípico. Um amor que espelha a união mística entre dois princípios: o masculino solar e o feminino lunar, o logos e a sophia, o verbo e a intuição.

A pergunta que muitos fazem – houve um relacionamento afetivo ou conjugal entre Jesus e Maria Madalena? – costuma ser respondida com a aridez dos arquivos eclesiásticos, que negam qualquer sugestão de romance. De fato, os evangelhos canônicos não afirmam explicitamente um vínculo conjugal. Mas o silêncio sobre o tema não anula o mistério que pulsa por trás das entrelinhas. O que há, nas palavras e nas ausências, é um traço de profundidade rara. E é exatamente esse traço que abriu espaço para interpretações diversas ao longo dos séculos.

Nos evangelhos apócrifos, especialmente no de Filipe, Maria Madalena é chamada de "companheira" de Jesus. O termo original, "koinônos", usado no grego, tem conotações que vão além da amizade comum. Em algumas passagens, sugere intimidade espiritual, parceria iniciática e até um tipo de união que não pode ser compreendida dentro dos moldes institucionais. O texto afirma que Jesus a amava mais do que aos outros discípulos e que a beijava frequentemente na boca – gesto que gerou discussões e incômodos entre os seguidores, sobretudo Pedro, que questionava sua proximidade e autoridade.

É preciso compreender o contexto simbólico dessa linguagem. Para os gnósticos, o beijo não era um ato sensual no sentido carnal, mas um rito iniciático. O beijo transmitia espírito, conhecimento, luz. Era uma forma de comunicar o logos de forma direta, sem mediações, por meio da energia do sopro vital. Assim, quando se diz que Jesus beijava Maria, pode-se interpretar que lhe confiava ensinamentos secretos, revelações profundas, mistérios sobre a alma, o cosmo e o Reino interior. A indignação de Pedro não se baseava apenas em ciúmes humanos, mas na perturbação causada por uma mulher ser receptáculo de um saber reservado aos iniciados.

Essa dinâmica revela um tipo de relacionamento que desafia a lógica patriarcal: uma mulher recebendo e compreendendo ensinamentos ocultos diretamente do mestre, à frente dos outros discípulos. É natural que tal imagem tenha sido combatida e silenciada pela tradição oficial. Afinal, Maria Madalena não era uma mera coadjuvante, mas interlocutora espiritual, companheira de jornada, depositária de um saber que não podia ser codificado pela linguagem do poder.

A união entre Jesus e Maria, portanto, não se limita a uma possibilidade romântica. Embora não se possa excluir a dimensão afetiva, o que realmente se impõe é o significado espiritual de sua relação. Eles são reflexos vivos da integração dos opostos. Jesus representa a energia de ação, revelação e verbo criador; Maria, a energia da escuta, acolhimento e sabedoria interior. Quando esses dois polos se encontram em equilíbrio, nasce a totalidade. É essa totalidade que a tradição esotérica chama de casamento sagrado.

No esoterismo cristão, no gnosticismo, no misticismo sufi e em outras tradições sapienciais, o casamento sagrado não é um evento externo, mas uma fusão interna entre o masculino e o feminino dentro de cada ser. No simbolismo de Maria Madalena, essa união é encarnada. Ela e Jesus representam o ponto de encontro entre Céu e Terra, Espírito e Matéria, Palavra e Silêncio. Por isso, a relação entre ambos desperta tanto fascínio: ela toca um anseio profundo da alma humana por reconciliação, por fusão com o divino, por completude.

O afeto que fluía entre eles, seja qual tenha sido sua expressão, estava sustentado por uma base de reconhecimento mútuo. Maria via Jesus não apenas como mestre, mas como espelho de sua própria essência. Ele, por sua vez, via nela não uma discípula submissa, mas uma alma desperta, uma igual. Essa reciprocidade, rara até mesmo entre os iniciados, fez com que sua relação fosse carregada de poder transformador. Eles não precisavam afirmar o que eram um para o outro; bastava a presença. Era uma presença que transbordava, que tocava os que estavam por perto, que provocava desconforto e fascínio ao mesmo tempo.

A iconografia ocidental frequentemente tentou domesticar essa proximidade, relegando Maria à posição de arrependida, de serva devota. Mas a memória arquetípica da humanidade guardou outra imagem: a da mulher que estava sempre ao lado, que recebia o verbo, que compreendia o mistério e que, no silêncio do jardim, foi a primeira a ouvir o chamado do nome que a despertou. Essa memória é mais forte do que os séculos de esquecimento.

No simbolismo alquímico, que também dialoga com essas tradições místicas, o casamento sagrado entre o rei e a rainha representa a união dos contrários para gerar a pedra filosofal – símbolo da consciência desperta, da alma realizada. Maria e Jesus, vistos sob essa lente, são os amantes divinos que se reencontram na Terra para realizar a grande obra: o despertar da humanidade. Não como casal idealizado, mas como arquétipos vivos do que cada ser humano é chamado a integrar em si mesmo.

A profundidade do laço entre eles não se mede pelos critérios da lógica histórica. É sentido no campo do espírito. Em cada busca por amor verdadeiro, em cada tentativa de integrar razão e intuição, em cada oração feita no silêncio da alma, a lembrança de Maria e

Jesus ressurge. Não como lenda, mas como realidade espiritual ativa.

Ao aceitar essa perspectiva simbólica, a tradição cristã é convidada a se abrir para uma compreensão mais ampla do amor, da união e do caminho espiritual. Um amor que não nega o corpo, mas o santifica. Uma união que não exige posse, mas reconhecimento mútuo. Um caminho que não se faz sozinho, mas na companhia de quem sabe escutar, acolher, ensinar e ser ensinado.

Esse laço, sustentado por uma energia que ultrapassa o mero afeto humano, nos convida a repensar as bases da espiritualidade ocidental. O que Maria e Jesus viveram – e que tantas tradições insistem em velar sob véus de literalidade ou dogmatismo – não é apenas uma narrativa sobre duas figuras históricas, mas um mapa sutil para os que buscam a integração do sagrado em si mesmos. A presença de Maria Madalena como figura central, não subordinada, rompe com o modelo hierárquico de revelação e inaugura um paradigma relacional onde o saber flui em reciprocidade. Sua escuta ativa, sua compreensão silenciosa e sua presença constante refletem uma nova forma de sabedoria, não imposta, mas revelada por meio da intimidade com o divino.

Nesse sentido, a relação entre eles deve ser vista não como exceção, mas como modelo arquetípico de comunhão espiritual. O casamento sagrado entre os princípios masculino e feminino, tão caro às tradições místicas, encontra em sua convivência uma expressão encarnada e acessível. Ao invés de ser escondido ou negado, esse símbolo poderia inspirar uma nova pedagogia da fé, onde o amor não é romantizado, mas compreendido como força criadora, curadora e libertadora. Maria Madalena, ao ocupar esse espaço, não apenas ao lado de Jesus, mas em diálogo com ele, reconfigura o lugar do feminino na experiência religiosa e mostra que o sagrado não pertence a um gênero, mas à totalidade que emerge do encontro.

Assim, o laço afetivo entre eles se desdobra em uma possibilidade viva para todos que buscam se reconectar com o mistério. Não se trata de provar um romance, mas de reconhecer um vínculo que desperta e transforma. Um vínculo que persiste como convite ao reencontro entre a palavra e o silêncio, entre o gesto e a escuta, entre o humano e o divino. Esse laço continua a falar, não por meio de doutrinas, mas por ressonância com o que há de mais profundo em cada alma desperta.

Capítulo 7
Mestra Iniciada

Entre as pedras do deserto e as noites silenciosas sob o céu estrelado da Galileia, algo se movia no invisível. Não era uma revolução política, tampouco uma nova escola filosófica. Era um chamado interior, um sussurro que se fazia ouvir apenas pelos que tinham olhos de ver e ouvidos de ouvir. Nesse território de símbolos e revelações, Maria Madalena não foi apenas uma seguidora; foi uma mestra em iniciação. Uma das raras almas capazes de compreender os véus do ensinamento do Nazareno, não com a mente lógica, mas com o coração desperto e a intuição aguçada.

O discipulado de Maria não se resumia a ouvir e obedecer. Ela interagia, questionava, refletia. Os documentos gnósticos, em especial, retratam-na como interlocutora direta de Jesus em diálogos que ultrapassam os limites da compreensão comum. Não são conversas sobre moral, regras ou dogmas. São discussões sobre a alma, os éons, a origem do mal, o retorno à Luz, o sentido último da existência. O texto conhecido como *Pistis Sophia* é um dos mais reveladores nesse sentido. Nele, Maria aparece como figura central, fazendo perguntas profundas, oferecendo interpretações, sendo elogiada por sua clareza espiritual.

Nenhum outro discípulo se destaca tanto. Nenhum outro dialoga com tamanha naturalidade com o Cristo revelado.

A *Pistis Sophia* é uma obra densa, simbólica, repleta de camadas esotéricas. Ali, a figura de Maria Madalena assume o lugar de mestra. Não como título imposto, mas como consequência de sua sabedoria. Os outros discípulos a ouvem com respeito — ainda que, em alguns momentos, sintam-se incomodados com sua clareza e protagonismo. A tensão entre ela e Pedro se repete, como em outros textos gnósticos, revelando o embate arquetípico entre a sabedoria intuitiva e a autoridade institucional. Maria representa o saber direto, a gnose. Pedro, a tradição, o poder clerical nascente. É o embate entre o Espírito e a estrutura, entre a revelação interior e o controle externo.

A iniciação de Maria Madalena não foi formalizada por rituais externos. Foi o resultado de uma abertura interior radical. Ela compreendia os ensinamentos de Jesus porque os vivia, não porque os decorava. Sua alma já havia sido tocada antes mesmo do encontro com o Nazareno. Era como se ambos já se conhecessem em um plano mais alto, anterior à matéria. Esse reencontro, manifestado na vida terrena, serviu para ativar uma sabedoria adormecida, uma memória espiritual que ela carregava desde tempos imemoriais.

É por isso que, em muitos dos textos ocultos, Maria Madalena é vista como a discípula perfeita. Aquela que entendeu o caminho do retorno. Aquela que compreendeu a queda e a redenção da alma. Aquela que podia ouvir as palavras veladas e traduzi-las para os demais. Seu papel era o de guardiã da tradição secreta, do ensinamento oculto. Não por elitismo espiritual, mas porque sua alma havia se tornado recipiente puro. Para os gnósticos, esse papel não era simbólico — era real. Maria era considerada iniciada nos mistérios mais profundos, uma mulher gnóstica em sua plenitude, uma Sophia encarnada.

A imagem que emerge dessas fontes é a de uma mulher que não apenas seguia, mas ensinava. Que não apenas compreendia, mas revelava. Que não apenas aprendia, mas guardava e transmitia. Maria Madalena se transforma, assim, em figura de autoridade espiritual autêntica, que incomoda justamente por isso. A tradição dominante, baseada em estruturas hierárquicas e masculinas, não soube lidar com esse tipo de liderança. E, por isso, preferiu silenciá-la, relegando-a à condição de pecadora convertida. Mas o que os textos ocultos e os corações despertos sempre souberam é que Maria era mestra. E uma mestra iniciada.

A iniciação espiritual, nesse contexto, é um processo que exige morte e renascimento simbólicos. Exige a descida aos infernos interiores, o enfrentamento das sombras, a rendição do ego. Maria passou por tudo isso. Foi liberta dos sete demônios, símbolo do mergulho profundo nos aspectos sombrios da psique. Depois, viveu a entrega radical ao chamado divino. Caminhou ao lado de um mestre que não buscava seguidores, mas despertos. E ela despertou. Não só para si, mas para o Todo. E, ao despertar, tornou-se capaz de conduzir outros à mesma luz.

Ser mestra, para Maria, não significava possuir discípulos, mas ser presença que revela. A sua forma de ensinar era o próprio ser. Sua vida se tornava espelho. Sua palavra, centelha. Seu olhar, convocação ao interior. Ela era iniciada nos mistérios do Reino não porque lhe foram concedidos por poder humano, mas porque soube escutá-los no silêncio da alma. A verdadeira iniciação não depende de pergaminhos, mas de disponibilidade interior. E Maria estava disponível — inteira, entregue, lúcida.

Nos círculos esotéricos, há o reconhecimento de que a figura de Maria Madalena carrega uma chave iniciática. Ela representa a possibilidade do despertar feminino, da reconciliação do sagrado com a Terra, da espiritualidade encarnada. Muitos veem nela uma sacerdotisa, não de templos visíveis, mas do templo vivo do coração. Ela não vestia vestes litúrgicas, mas sua aura era um véu de sabedoria. Sua voz não soava nos púlpitos, mas ecoava no interior de quem ousava ouvi-la com o espírito.

A condição de mestra iniciada, em Maria Madalena, é também um chamado. Um convite a que outros se tornem também iniciados. Que busquem a gnose não como acúmulo de saber, mas como integração com a fonte. Que abandonem o ruído do mundo e mergulhem no sussurro do ser. Que aceitem a ferida como porta e a escuridão como antessala da luz. Maria não é um ídolo a ser adorado, mas um caminho a ser seguido. Um caminho de profundidade, de presença e de verdade.

Ela permanece, não como lembrança distante, mas como vibração viva naqueles que buscam mais do que conforto: buscam sentido. Sua imagem não é estática, mas dinâmica. Ela se movimenta nas entrelinhas da história, reaparece nas intuições mais intensas, ressurge nos momentos em que a alma percebe que há mais. Mais do que doutrina. Mais do que moral. Mais do que forma. Há o mistério. E o mistério fala com a linguagem de Maria.

Essa linguagem não é aprendida nos livros, mas na escuta interior que transcende palavras. O ensinamento de Maria Madalena, como mestra iniciada, ecoa nos recantos mais sutis da consciência: ela ensina pela vibração, pela coerência entre o que vive e o que transmite, pela pureza de um coração que acolhe sem julgar. Sua sabedoria não é assertiva, mas insinuante, como a brisa que toca a pele e desperta sem alarde. E talvez seja justamente por isso que seu saber é tão transformador — porque não impõe, apenas revela o que já estava ali, esperando ser lembrado. Assim, sua figura segue atravessando os tempos como um símbolo de que o verdadeiro mestre não é aquele que acumula, mas o que se deixa atravessar pela verdade.

Há, nesse percurso, um convite à humildade profunda. Maria não reivindicou sua autoridade, tampouco se impôs como líder. Sua presença falava por si. Sua jornada, feita de sombras e claridades, de silêncio e revelações, oferece um modelo de iniciação que não depende de reconhecimento externo. É um modelo interior, silencioso, profundamente feminino em sua natureza: cíclico, receptivo, transmutador. Sua história, quando lida com o coração desperto, dissolve os limites entre mito e realidade, entre figura histórica e arquétipo, abrindo espaço para uma compreensão viva da mestria espiritual — aquela que brota de um ser que, tendo atravessado a noite escura, se torna farol para outros viajantes da alma.

Maria Madalena permanece como farol aceso, não em altares de pedra, mas no templo secreto do ser que busca. Sua mestria é discreta, mas imensa. Ela não aponta caminhos prontos, mas conduz ao próprio centro, onde mora a verdade que não precisa de tradução. E é ali, nesse espaço íntimo onde o espírito e o silêncio se encontram, que sua voz ainda sussurra aos que se atrevem a ouvir: o Reino está dentro de vós, e o caminho, apesar de estreito, está aberto. Para todos.

Capítulo 8
Apóstola dos Apóstolos

O anúncio da ressurreição não veio dos púlpitos nem das praças. Ele brotou dos lábios de uma mulher marcada pela luz e pela fidelidade. Maria Madalena, ao receber a incumbência direta do Cristo ressuscitado para proclamar a vitória sobre a morte, tornou-se algo que nenhuma estrutura eclesiástica previa: apóstola dos apóstolos. Um título não concedido por homens, mas selado pelo próprio Mestre. E nesse ato, aparentemente simples e íntimo, condensou-se uma revolução que atravessaria os séculos.

A manhã em que o sepulcro foi encontrado vazio não foi apenas o marco da ressurreição. Foi o instante em que a autoridade espiritual feminina foi restaurada. Quando Jesus disse a Maria "vai e anuncia", ele não apenas a reconheceu como testemunha; ele a instituiu como mensageira. Essa não foi uma escolha casual. Jesus poderia ter aparecido primeiro a Pedro, a João, aos que fundariam igrejas e escreveriam epístolas. Mas foi a Maria que ele se revelou. Foi a ela que confiou o núcleo da fé cristã: a certeza de que a vida triunfa sobre a morte.

Esse gesto tem uma densidade teológica que a tradição cristã preferiu suavizar, talvez por seu caráter transgressor. No entanto, ele permanece como pedra angular de uma espiritualidade esquecida. Maria não apenas viu o Ressuscitado. Ela foi enviada. E ser enviada é o coração do apostolado. Apóstolo, no sentido etimológico, é aquele que é mandado, com uma missão. Maria foi, portanto, a primeira. A que anunciou a boa nova a quem viria depois anunciá-la ao mundo. A semente da fé nasceu em sua voz.

Essa nomeação implícita, mas incontestável, a coloca em um lugar que a história oficial do cristianismo demorou dois milênios para reconhecer. Apenas em 2016, o Vaticano – após séculos de resistência e silêncio – restaurou simbolicamente seu título, proclamando-a oficialmente "Apóstola dos Apóstolos". Um gesto que não apaga as eras de apagamento, mas que ao menos recoloca no mapa espiritual uma verdade fundamental: o cristianismo nasce do testemunho de uma mulher.

Maria Madalena, como apóstola, carrega mais do que um título. Ela encarna a missão. Enquanto os discípulos hesitavam, questionavam e duvidavam, ela anunciava. Sua fé não era cega, mas visceral. Era sustentada pela experiência direta do mistério. Não houve mediações, não houve testemunhas intermediárias. Foi um encontro puro entre ela e o Cristo. E é justamente isso que a faz tão poderosa: sua autoridade nasce do contato direto com o invisível. Ela viu. Ela ouviu. Ela foi chamada. E respondeu com a coragem dos que não precisam de garantias para obedecer ao chamado.

Mas essa missão não foi recebida sem resistência. A incredulidade dos discípulos ao ouvir seu relato é um retrato fiel das estruturas que se formariam nos séculos seguintes. Eles não acreditaram. A palavra de uma mulher não era suficiente. A verdade, para ser válida, precisava ser repetida por uma voz masculina. Esse padrão, repetido ao longo de toda a história cristã, teve ali seu primeiro episódio. E, no entanto, Maria não silenciou. Não esperou aprovação. Fez o que lhe foi ordenado. Anunciou, mesmo diante da dúvida. Isso a torna não apenas apóstola, mas profeta.

Sua mensagem não foi apenas a de um fato extraordinário. Foi a proclamação de uma nova realidade. O Ressuscitado havia vencido a morte, e com isso, vencido tudo o que aprisiona a alma: o medo, o pecado, a ignorância, a separação. Maria foi portadora da aurora de uma nova era. E nesse papel, tornou-se referência para todos os que sentem o chamado de anunciar não doutrinas, mas vivências transformadoras. Ela não pregou teologias. Ela falou de encontro. Falou do nome que ouviu. Falou da luz que a atravessou.

A força do testemunho de Maria Madalena não está apenas no conteúdo da sua mensagem, mas na maneira como a viveu. Ela não tentou convencer com argumentos. Ela transmitia com o ser. Era o seu próprio corpo, sua presença, sua voz embargada de amor e certeza que comunicava o inacessível. A ressurreição não foi para ela um evento externo, mas uma verdade interna. Ela se tornou a própria evidência daquilo que anunciava.

O fato de ter sido enviada a anunciar aos discípulos não foi apenas um desafio ao sistema patriarcal nascente. Foi também uma denúncia espiritual: o saber espiritual não é propriedade de uma casta, de um gênero, de uma linhagem. Ele se revela onde encontra espaço, onde encontra solo fértil. E Maria Madalena era esse solo. Sua vida, sua escuta, sua entrega, prepararam-na para ser vaso de revelação. Quando Jesus ressuscitou, não procurou os que tinham poder, mas os que tinham coração. E o coração de Maria era altar.

Essa escolha de Jesus carrega, ainda hoje, um chamado à consciência. Quantas verdades foram silenciadas por não se encaixarem nos moldes do poder? Quantas testemunhas da luz foram ignoradas por não terem os títulos corretos? Maria Madalena, ao ser escolhida como apóstola dos apóstolos, lembra que a legitimidade espiritual não depende de credenciais, mas de comunhão com o divino. O chamado vem de dentro. E quando vem, não pode ser negado, mesmo que o mundo não compreenda.

Sua figura, quando redescoberta na plenitude de seu papel, se transforma em farol. Um farol para todas as mulheres que tiveram sua voz calada na história da fé. Um farol para todos os buscadores que se sentem à margem da espiritualidade institucionalizada. Um farol para aqueles que ouviram o nome, que viram a luz, mas que ainda hesitam em anunciar. Maria é o lembrete vivo de que a fé começa na escuta, mas se torna real no testemunho.

Ela não pediu licença para anunciar. Não esperou que a reconhecessem. Não se limitou ao papel que a sociedade lhe oferecia. Sua identidade foi moldada pelo olhar do Ressuscitado. E esse olhar foi suficiente. Ela sabia quem era porque foi chamada pelo nome. E quem é chamado pelo nome, nunca mais se perde.

Ser chamada pelo nome é mais do que ser identificada — é ser reconhecida em essência, ser convocada a viver o destino mais íntimo da própria alma. Maria Madalena, ao ouvir sua identidade ser devolvida pelo Cristo ressuscitado, encontrou não apenas o Mestre, mas a si mesma. Nesse espelho divino, ela se viu inteira, plena, revestida de autoridade que nasce do amor e da entrega. Sua missão não foi construída por convenções, mas lapidada no silêncio do jardim, na ausência de testemunhas, no espaço onde só o coração desperto é capaz de compreender a linguagem do Espírito. Por isso, sua voz ressoou com tanto poder: porque vinha de um lugar onde a dúvida já havia sido atravessada e o medo, dissolvido.

Essa confiança, que não precisava de validação, era sua força mais temida. O anúncio que carregava não era apenas sobre um túmulo vazio, mas sobre uma nova forma de presença: o Cristo que habita o interior, que se revela aos sensíveis, que chama pelo nome aqueles que ousam amar sem reservas. A ressurreição, em sua boca, deixava de ser dogma e se tornava experiência viva. Sua fé era uma chama acesa não por textos sagrados, mas pelo calor do encontro. E é justamente por isso que, até hoje, seu testemunho continua provocando deslocamentos: porque não se trata de repetir um relato, mas de encarnar uma verdade que transforma tudo o que toca.

Maria Madalena segue como apóstola não apenas por ter sido enviada, mas por ter respondido sem hesitação. Sua jornada é um lembrete de que a espiritualidade autêntica exige coragem — coragem para romper os silêncios impostos, para sustentar a visão mesmo quando não é acolhida, para caminhar com firmeza quando a estrutura ainda não oferece chão. Ela não fundou igrejas, mas fundou caminhos. E esses caminhos continuam abertos para todos os que intuem que o chamado divino não segue critérios humanos. No eco de sua voz, cada buscador é convidado a escutar o próprio nome — e, ao escutá-lo, a também se tornar anunciante da luz.

Capítulo 9
Evangelhos Apócrifos

Por trás dos muros das bibliotecas monásticas, entre códices esquecidos e fragmentos resgatados da areia do tempo, repousam os ecos de vozes silenciadas. São textos que não encontraram abrigo no cânone oficial, mas que sobrevivem como testemunhos de um cristianismo plural, vibrante, misterioso. Entre esses escritos, os evangelhos apócrifos revelam outra face de Maria Madalena – não a penitente arrependida, mas a discípula mais próxima, a iniciada, a conselheira, aquela que compreendeu aquilo que os demais apenas vislumbraram.

Nessas narrativas extracanônicas, Maria emerge com uma presença firme e luminosa. Ela não está à sombra de ninguém. Ao contrário, sua figura brilha com a claridade de quem conhece os mistérios. Nos Evangelhos de Filipe, de Tomé, de Maria e na *Pistis Sophia*, ela fala, pergunta, interpreta. Sua autoridade não decorre de concessão, mas de reconhecimento. Ela é ouvida com reverência – e, por vezes, com desconforto. Sua presença incomoda, não por arrogância, mas por clareza. Porque onde há verdade, as máscaras caem.

No Evangelho de Filipe, a relação entre Maria e Jesus é retratada com intimidade espiritual singular.

Jesus a chama de "companheira", e o texto diz que ele a amava mais que aos outros discípulos, e que frequentemente a beijava. Esse gesto, para os gnósticos, não era um ato romântico, mas um rito de transmissão espiritual. O beijo simbolizava a passagem do pneuma, o sopro divino, a gnose. Era a confirmação de que Maria era a receptora dos ensinamentos mais profundos. Uma eleita entre os eleitos. Isso incomodava os outros discípulos, sobretudo Pedro, que a questionava repetidamente. Mas Jesus respondia: "Ela é digna."

Essa tensão entre Maria e Pedro, recorrente nos apócrifos, é mais do que um embate pessoal. É símbolo do conflito entre dois modelos de espiritualidade: o intuitivo e o institucional. Pedro representa a ortodoxia nascente, a necessidade de ordem, controle, dogma. Maria, por outro lado, é a expressão do espírito vivo, do saber interior, da revelação direta. Esse confronto se repete no Evangelho de Maria, onde Pedro declara não compreender por que Jesus teria falado com uma mulher de forma tão privilegiada. E Levi o repreende, afirmando que Jesus a conhecia bem e sabia quem era digno de receber a verdade.

Essas passagens são profundamente reveladoras. Elas mostram que, nos círculos cristãos primitivos, havia não apenas divergências teológicas, mas também disputas sobre quem detinha legitimidade espiritual. Maria Madalena, nos apócrifos, não era marginal. Era central. Era a voz que desvelava, que trazia luz aos mistérios mais velados. Sua autoridade era reconhecida por uns e combatida por outros – como ocorre com todos os que ousam caminhar além do permitido.

O Evangelho de Tomé, embora não mencione Maria com a mesma intensidade, compartilha da mesma atmosfera espiritual: a de um ensinamento velado, voltado aos iniciados, onde o Reino de Deus é encontrado dentro, e não fora. Esse é o solo onde a espiritualidade de Maria floresce: o interior, o secreto, o silencioso. Ela não busca templos ou altares, mas portas abertas na alma. A sua mestria se manifesta no reconhecimento de que o sagrado não é propriedade, mas presença.

A *Pistis Sophia* amplia ainda mais essa visão. Ali, Maria não apenas fala: ela domina o discurso. Ela é quem compreende os movimentos do espírito, quem traduz os símbolos, quem sustenta os demais discípulos quando o ensinamento se torna denso. Jesus a elogia repetidas vezes, dizendo que sua inteligência supera a de todos. Ela é a intérprete do Logos. A Sophia encarnada. E, mais uma vez, sua posição não é resultado de convenções humanas, mas de afinidade espiritual.

Essa imagem de Maria, amplamente atestada nos textos gnósticos, foi banida da narrativa oficial porque desafiava as bases de um cristianismo que, pouco a pouco, se tornava religião de Estado. Um cristianismo que precisava de estruturas, de hierarquias, de controle. A presença de uma mulher em posição de liderança, com autoridade espiritual igual – ou superior – à dos apóstolos, era inaceitável para o projeto eclesiástico que se consolidava. Assim, os textos que a exaltavam foram excluídos. Suas palavras foram caladas. Sua figura, distorcida.

Mas os textos sobreviveram. Escondidos, enterrados, protegidos por comunidades dissidentes que se recusavam a apagar sua memória. Foram redescobertos em momentos críticos da história, como se esperassem o tempo certo para emergir. E quando surgiram, trouxeram consigo a força de um feminino sagrado que jamais se curvou. Um feminino que ensina, que cura, que guia. Um feminino que não implora espaço – ocupa, com naturalidade e poder.

Maria Madalena, nos evangelhos apócrifos, é símbolo da gnose vivida. Sua figura transcende o histórico para se tornar arquetípica. Ela representa o saber intuitivo, a comunhão com o divino sem mediações, o acesso direto à fonte. É por isso que sua presença é sempre contestada. Porque desafia o controle. Porque revela o que foi velado. Porque chama cada alma à responsabilidade de conhecer-se e, nesse conhecimento, encontrar a centelha divina.

Hoje, ao ler esses textos com o coração atento, não se busca apenas recuperar fatos, mas resgatar possibilidades. O retrato de Maria que eles oferecem é um convite. Um convite a recordar que há uma linhagem esquecida de sabedoria feminina no cristianismo. Uma linhagem que pulsa sob as pedras dos concílios, sob os dogmas impostos, sob o peso das tradições. Uma linhagem que fala de silêncio, de presença, de profundidade. Que fala de Maria – não a pecadora, não apenas a testemunha, mas a mestra esquecida.

Essa mestra esquecida, no entanto, jamais deixou de falar. Sua voz, abafada por séculos de ortodoxia, ainda sussurra através das páginas poeirentas dos evangelhos apócrifos, despertando em quem os lê não apenas curiosidade histórica, mas um reconhecimento íntimo. Maria Madalena continua viva nesses escritos não como personagem do passado, mas como presença atuante, como espelho para as almas que intuem que o sagrado é mais vasto do que as molduras da religião oficial. Sua sabedoria, transmitida em fragmentos e entrelinhas, desafia não apenas as instituições, mas também os paradigmas interiores: ela convida ao mergulho, à escuta, à confiança no invisível.

Os apócrifos são, nesse sentido, mapas espirituais para os que ousam trilhar um caminho menos domesticado. Longe de oferecerem certezas dogmáticas, eles abrem portais para o mistério – e Maria Madalena, em seu centro, é a guardiã desse limiar. Seu protagonismo não é imposto, mas emergente, fruto de uma conexão genuína com o Cristo interior. Sua coragem em falar, interpretar e sustentar os ensinamentos revela não apenas a profundidade de sua compreensão, mas a força de sua presença transformadora. Ela é, nesses textos, uma iniciadora, aquela que traduz o indizível e aponta a direção para os que buscam a verdade além das palavras.

É por isso que, ao revisitarmos os evangelhos apócrifos, não estamos apenas reescrevendo a história – estamos reativando uma memória espiritual que a tradição tentou apagar. A imagem de Maria que emerge dessas fontes é a de uma mulher inteira, sábia, plenamente conectada ao divino. E essa imagem permanece como farol para os que desejam reconciliar fé e liberdade, tradição e experiência, silêncio e revelação. Seu legado é um chamado: para escutar com a alma, para lembrar com o coração e para viver uma espiritualidade que não teme a profundidade. Ela não é apenas a mestra esquecida — é a mestra reencontrada.

Capítulo 10
Evangelho de Maria

Há livros que foram enterrados não apenas na terra, mas também no esquecimento. Livros cuja existência foi considerada perigosa, herética, subversiva. E, entre eles, há um que carrega o nome de uma mulher cuja presença reverbera como eco ancestral de uma espiritualidade esquecida: o *Evangelho de Maria*. Não é qualquer Maria. É Madalena. Aquela cuja voz atravessa as dobras da história com a delicadeza de quem sussurra verdades que não cabem em dogmas. Aquela que não apenas ouviu o Cristo, mas o compreendeu. Que não apenas foi curada, mas despertou.

O *Evangelho de Maria* não é uma narrativa convencional. Não se ocupa dos milagres, nem da infância do Messias, nem das linhas temporais costumeiras. Ele é uma revelação espiritual, uma janela aberta sobre o que havia além da cruz e da ressurreição. Seu conteúdo, preservado apenas em fragmentos, foi descoberto em um códice do século V, e por séculos permaneceu sob camadas de desdém acadêmico e censura teológica. Mas ali, nas suas linhas truncadas pelo tempo, há um brilho que incomoda e fascina.

O que se revela nesse texto não é uma história, mas um diálogo. Os discípulos perguntam a Maria sobre o que Jesus lhe teria dito em segredo. E ela responde. Responde com a naturalidade de quem não precisa justificar sua autoridade, apenas transmiti-la. Fala da ascensão da alma, dos obstáculos que encontra ao abandonar o corpo, dos poderes que tentam retê-la, das ilusões do mundo material que precisam ser superadas. Fala do silêncio primordial, da união com o Tudo, da verdadeira liberdade espiritual que não se alcança por leis, mas por conhecimento interior.

A teologia ali contida é sofisticada, sutil e profundamente gnóstica. Para Maria, como para os iniciados, a matéria é prisão, e o espírito, pássaro que deseja voltar à origem. O caminho não é de submissão a mandamentos externos, mas de escuta ao divino interior. É a voz da consciência que guia. A salvação, nesse evangelho, não é oferecida por sacrifício vicário, mas por iluminação. Não é Jesus quem salva: é o Cristo interior que desperta quando a alma reconhece sua verdadeira natureza.

Esse ensino, vindo de Maria, causa estranhamento. Pedro, uma vez mais, questiona: por que o Mestre teria confiado a ela, e não a eles, tais revelações? Duvida da sua legitimidade, como já fizera em outros textos apócrifos. Mas Levi, outro discípulo, o repreende: "Se o Salvador a tornou digna, quem somos nós para rejeitá-la?" Esse trecho, mais do que uma anedota, é o reflexo simbólico da tensão entre tradição institucional e saber intuitivo. Entre hierarquia e gnose. Entre a rigidez do poder e a fluidez do espírito.

Maria Madalena, no centro dessa disputa, não se exalta. Não busca afirmação, não revida. Simplesmente sustenta sua presença. Sua sabedoria é inabalável porque não depende do reconhecimento dos outros. Vem de dentro. É a consequência de um encontro que transformou sua estrutura mais íntima. Ela não foi apenas ouvinte de Jesus; foi a que compreendeu sua mensagem em profundidade. E é por isso que fala. Porque aquilo que se vive verdadeiramente não pode ser contido.

O *Evangelho de Maria* tem passagens que tratam da alma com uma leveza poética e uma precisão espiritual que transcende eras. Descreve o processo de retorno ao divino como um enfrentamento com as "potestades" – forças que representam os apegos, os vícios, as identificações ilusórias. A alma, ao vencer essas forças, reencontra sua liberdade. Essa imagem ecoa antigas tradições esotéricas, onde o caminho espiritual é sempre um retorno ao centro, uma jornada de descida e ascensão, morte simbólica e renascimento.

O papel de Maria, nesse processo, é o de quem já trilhou o caminho. Ela fala da jornada porque a viveu. Não especula. Relata. É isso que a torna mestra. É isso que a consagra como uma voz que transcende a história. Seu evangelho não oferece normas de conduta, mas chaves de percepção. Fala menos ao intelecto e mais ao espírito. Convoca o leitor – ou o ouvinte – a escutar com o coração desperto.

A marginalização desse texto não é surpresa. Ele contradiz frontalmente o modelo de autoridade patriarcal que se impôs no cristianismo nascente. Mostra uma mulher ensinando homens. Uma discípula conduzindo apóstolos. Uma mística revelando os segredos da alma. Isso não podia ser tolerado por uma religião que se institucionalizava sob o império romano, moldando-se aos moldes do poder masculino. Assim, o *Evangelho de Maria* foi silenciado. Mas não apagado.

Hoje, ao ser redescoberto, torna-se espelho. Espelho para todos os que foram marginalizados por ouvirem outra voz. Para os que não se encaixaram nos moldes da fé oficial. Para os que buscaram o sagrado dentro, e não fora. Para as mulheres que, como Maria, foram desacreditadas, mas nunca deixaram de ver. Sua mensagem ressurge como uma flor que rompe o asfalto: delicada, mas irreprimível.

Maria Madalena, nesse evangelho que leva seu nome, é mais do que apóstola. É iniciada, reveladora, canal. Ela representa uma linhagem espiritual que atravessa os séculos de forma subterrânea, alimentando os que ousam buscar a verdade além das formas. Sua presença, ali, não é uma exceção – é a lembrança do que foi perdido. E também a promessa do que pode ser reencontrado.

E o que pode ser reencontrado no Evangelho de Maria não é apenas um ensinamento, mas uma vibração esquecida: a de uma espiritualidade centrada na experiência direta, na sabedoria que nasce do silêncio, no contato íntimo com o invisível. Ao recuperar essas palavras, mesmo que incompletas, somos convidados a tocar uma dimensão da fé que não exige intermediários, que não repousa sobre credos rígidos, mas se acende no instante em que a alma se lembra de quem é. Maria Madalena, com sua voz firme e serena, nos conduz a essa lembrança – não como quem dita caminhos, mas como quem acende lâmpadas no escuro.

Esse evangelho, ao resistir ao tempo e à censura, prova que a verdade encontra meios de se manter viva, mesmo quando empurrada para as margens. Sua permanência subterrânea é metáfora da própria jornada espiritual: aquilo que é essencial muitas vezes permanece escondido, esperando maturidade, esperando sede real. Maria, ao falar de alma e libertação com tamanha naturalidade, devolve ao sagrado sua dimensão perdida – a de um processo interior, vivo, profundamente humano e divino ao mesmo tempo. Sua palavra não requer templos, apenas escuta. E na escuta, a revelação floresce.

O Evangelho de Maria não pertence ao passado. Ele pulsa no presente como uma chave ainda capaz de abrir portais. Sua leitura não exige erudição, mas disposição para atravessar véus. Ali, nas entrelinhas do que foi revelado e do que se perdeu, está o fio dourado que conduz ao centro de si. E ao seguir esse fio, encontramos não apenas Maria Madalena, mas algo que ela representa em todos nós: a centelha que vê, que compreende e que, ao despertar, se torna capaz de guiar. Porque todo verdadeiro evangelho, por mais antigo que seja, fala sempre ao agora. E o agora é o momento de lembrar.

Capítulo 11
Visão de Maria

Quando as palavras se esgotam e os símbolos se tornam necessários, é sinal de que o espírito toca o limiar de um mistério. É nesse território que a visão de Maria Madalena, conforme narrada no *Evangelho de Maria*, se ergue. Não como alucinação, nem como delírio místico, mas como relato de uma experiência que transcende a lógica e rompe os limites da matéria. Uma visão que se inscreve no campo do real invisível, onde a alma, despida das ilusões do mundo, enfrenta suas amarras e ascende ao que sempre foi.

A narrativa fragmentária do *Evangelho de Maria* conserva o que pôde ser salvo da destruição sistemática dos escritos gnósticos. E ainda assim, mesmo incompleta, a visão que Maria transmite aos discípulos após a partida do Cristo contém camadas de significado tão profundas que, ao atravessá-las, não se lê um texto: vive-se um rito de passagem. Nesse trecho, Maria descreve a jornada da alma por sete esferas ou potestades. Cada uma dessas instâncias representa forças que tentam impedir a alma de retornar à sua origem divina.

O primeiro poder a confrontá-la é a Escuridão, que se alimenta do desejo e da ignorância. Depois vem a

Concupiscência, o impulso desordenado que prende a alma ao corpo. A Terceira Potestade é a Ignorância, que insiste em não reconhecer a luz. E assim seguem outras forças, cada qual simbolizando um aspecto da psique não redimida, um fragmento do ego, uma âncora que retém o ser na repetição. Essas potestades não são entidades externas. São projeções dos estados internos de cada ser humano. São os véus que obscurecem a lembrança da origem.

A alma, na visão de Maria, responde a cada uma dessas forças com conhecimento. Não é com força, nem com moralismo, mas com sabedoria que ela avança. Essa gnose é o escudo e a chave. O saber de quem reconhece que a matéria é apenas um estágio, não o fim. Que os impulsos do mundo são fumaça sobre a superfície da consciência. Que o verdadeiro ser é anterior à forma, anterior ao nascimento, anterior ao tempo.

Essa jornada da alma dialoga com tradições místicas de diversas culturas. Os sete véus de Inanna, os sete portais da Cabala, os sete chakras da tradição védica, todos falam da ascensão por camadas simbólicas até o reencontro com o Uno. Maria Madalena, nesse evangelho, aparece como a guia desse percurso. Não por doutrina, mas por vivência. Ela não descreve o caminho porque leu sobre ele. Ela o percorreu.

É esse percurso que a qualifica como mestra espiritual, muito além dos limites do discipulado convencional. Sua visão é testemunho. E o testemunho, para os gnósticos, é a expressão mais elevada da verdade. Quem viu, sabe. Quem sabe, transmite. Maria transmite. Mesmo diante da dúvida dos discípulos, mesmo diante do desconforto de Pedro, ela fala com firmeza e serenidade. E é esse tom, mais do que as palavras, que revela sua autoridade.

Ao transmitir essa visão, Maria oferece à comunidade dos discípulos – e por extensão, a todos os buscadores – um mapa da libertação. Não um caminho externo, mas interno. Não uma crença, mas uma travessia. Não uma promessa de salvação futura, mas um despertar imediato. A salvação, nesse contexto, é a lembrança. Lembrar quem se é, de onde se veio, para onde se volta.

Essa visão marca uma ruptura com a narrativa tradicional da fé cristã centrada na obediência e no sacrifício. Aqui, não há cruz como instrumento de redenção, nem sangue como moeda de troca. Há luz. Há reconhecimento. Há liberdade. A mensagem do Ressuscitado, transmitida por Maria, não é sobre um sistema de culpa e perdão, mas sobre libertação por meio do saber interior.

A figura de Maria, nesse cenário, é a de uma alma que venceu. Que, ao olhar para dentro, atravessou as camadas da ilusão e emergiu intacta, consciente de sua essência. Ela se torna, por isso, um arquétipo da ascensão possível. Uma lembrança viva de que a alma não está condenada à prisão da carne, mas chamada à superação dos limites que ela mesma aceita.

Essa experiência descrita por Maria pode ser lida como uma metáfora da cura profunda. Cada potestade, cada força enfrentada, é uma sombra interna que precisa ser reconhecida, integrada e transcendida. O caminho da alma não é uma estrada reta, mas uma espiral que desce ao abismo antes de subir ao céu. E nesse movimento, Maria é a guia. A que já desceu, a que já enfrentou, a que já retornou.

Sua visão, ao contrário do que os inquisidores supuseram, não representa heresia, mas profundidade. O que ela revela é uma espiritualidade da responsabilidade, onde cada ser é chamado a olhar para si e ver-se com verdade. É isso que liberta. Não há céu como prêmio nem inferno como castigo. Há estados de consciência. Há reconhecimento ou esquecimento. Maria aponta para o primeiro.

E ao fazer isso, ela incomoda. Porque retira do clero o monopólio da salvação. Porque retira da estrutura eclesiástica o controle da alma alheia. Porque lembra que cada ser humano, ao silenciar a mente e abrir o coração, pode escutar a mesma voz que um dia a chamou pelo nome.

A visão de Maria Madalena permanece como um farol aceso nas bordas da história. Um convite à coragem de ver. De descer às camadas ocultas do ser e ali, entre sombras e véus, encontrar a centelha esquecida. O fogo que não queima, mas ilumina. O silêncio que não cala, mas revela. A verdade que não se ensina, mas se reconhece.

Na fluidez sutil entre símbolo e silêncio, a visão de Maria ecoa como uma cartografia da alma que insiste em recordar-se. Ela nos convida a atravessar nossos próprios labirintos interiores, onde as potestades se manifestam como vozes do medo, da dúvida, da resistência. E é exatamente ali, onde tudo parece trevas, que a luz do conhecimento interior se insinua — não como uma resposta imposta, mas como um sopro que desperta a lembrança adormecida. A travessia descrita por Maria não exige fé cega, mas presença lúcida. Trata-se de uma jornada sem atalhos, onde o enfrentamento de si mesmo é inevitável e sagrado. E nesse enfrentamento, o divino deixa de ser uma promessa exterior para tornar-se uma realidade íntima.

A grandeza da visão de Maria está em sua recusa ao dogma e sua entrega ao real vivido. Ela não ensina como quem repete, mas como quem se tornou. Seu saber não é acumulado, é revelado — camada por camada — no processo de encarar, dissolver e ultrapassar os véus que limitam a consciência. Por isso, sua figura transcende a de discípula; ela se torna espelho e caminho. Sua jornada oferece a possibilidade de uma espiritualidade que não se submete à autoridade externa, mas floresce no silêncio fecundo do autoconhecimento. É nesse lugar, entre o fim da forma e o início do ser, que sua mensagem reverbera: não se trata de crer em algo, mas de tornar-se alguém. Alguém que lembra.

Ao devolver ao sagrado sua morada original — o coração desperto de cada um — Maria Madalena rompe com os alicerces do medo e reconstrói a fé como experiência viva. Sua visão permanece não como relíquia de um passado suprimido, mas como semente de um futuro possível. Um futuro onde a libertação não vem de fora, mas de dentro. Onde o divino não se compra com méritos, mas se revela com verdade. E é nesse gesto silencioso e poderoso, de olhar para si com olhos desvelados, que o capítulo se encerra — não como conclusão, mas como passagem. Um limiar. Um convite.

Capítulo 12
Linguagem Simbólica

Há uma linguagem que não se escreve com letras nem se pronuncia com a voz. É a linguagem das imagens, dos arquétipos, dos gestos que reverberam além da razão. Maria Madalena habita essa linguagem. Sua presença nos textos apócrifos e gnósticos não é apenas narrativa: é símbolo. E como símbolo, ela abre portas para um mundo interior onde os significados não são fixos, mas fluem conforme o grau de percepção de quem os contempla. Toda sua trajetória espiritual é tecida por essa gramática invisível — onde o que importa não é a literalidade, mas a capacidade de decifrar o invisível.

Na tradição gnóstica, e mesmo nos evangelhos canônicos, há expressões que revelam camadas de sentido mais amplas do que a leitura superficial permite perceber. Quando se diz que Maria Madalena foi liberta de sete demônios, não se está apenas relatando um exorcismo. O número sete é símbolo de totalidade — os sete dias da criação, os sete céus, os sete portais da alma. Os demônios são forças internas, aspectos sombrios da psique que precisam ser enfrentados e reintegrados. A libertação de Maria, portanto, não é apenas espiritual no sentido religioso. É psicoespiritual.

É a cura de um ser dividido. A reunião das partes perdidas em um centro consciente.

Essa leitura simbólica resgata a profundidade de uma tradição que, com o tempo, foi convertida em moralismo. Onde antes havia ensinamentos iniciáticos, restaram fórmulas de conduta. Mas nos textos que mencionam Maria — sobretudo nos gnósticos — o símbolo resiste. Ele pulsa. E convida à decodificação. As "potestades" que ela enfrenta na ascensão da alma, por exemplo, são arquétipos de limitação. São vícios, ilusões, amarras. Cada uma representa uma condição humana a ser superada: o medo, a ignorância, o desejo desordenado, a inveja, o orgulho, a ira, a tristeza paralisante.

Maria transita por esses espaços como quem conhece os labirintos da alma. Ela não os combate com violência, mas com conhecimento. Com consciência. É isso que o símbolo revela: que a salvação, para os gnósticos, não é dádiva externa, mas conquista interior. A linguagem simbólica traduz esse caminho não com mapas, mas com imagens que falam direto ao coração.

Outro símbolo fundamental em sua trajetória é o vaso de alabastro. Ele aparece nos evangelhos como recipiente de unguento precioso, usado por uma mulher para ungir os pés de Jesus. A tradição posterior fundiu essa mulher com Maria Madalena, reforçando a ideia de penitência. Mas há outra camada aqui. O vaso representa o corpo. O unguento, a essência. O gesto de derramar representa a entrega da alma ao divino. Ao ungir, Maria não apenas honra — ela reconhece. E ao reconhecer, torna-se espelho da própria unção. Seu ato é místico. Ela unge o Cristo, mas também se une a ele por esse gesto.

No Evangelho de Filipe, outro símbolo poderoso é o beijo. Jesus é dito como aquele que "beijava frequentemente Maria na boca". Isso foi interpretado de forma escandalosa ou romântica por muitos, mas o beijo, em tradições antigas, era sinal de transmissão espiritual. Era o sopro da gnose, o pneuma, a essência do saber passado de mestre para discípulo. O beijo é símbolo de união espiritual. De partilha de um segredo que não pode ser dito, mas apenas sentido. Maria, como receptora desse gesto, é a eleita. A que compreendeu. A que recebeu o fogo e o guardou sem queimar-se.

Há ainda o simbolismo da união entre Maria e Jesus como representação do casamento sagrado. Não como união carnal, mas como fusão arquetípica entre masculino e feminino divinos. Maria é Sophia. Jesus é Logos. Juntos, representam o reencontro das potências separadas. A alma, nos mitos gnósticos, é feminina. E busca o retorno ao Noivo Celestial. Maria Madalena é essa alma que reencontra o Cristo. Essa fusão não é romance: é mística. É a integração dos opostos. E, como símbolo, indica o caminho da individuação, da totalidade, do retorno ao Uno.

Nos textos gnósticos, também se fala do "Silêncio". Um espaço onde não há som, mas há presença. Maria é íntima desse silêncio. Sua fala é medida, sua presença é contemplativa. Ela não busca convencer, mas deixar que a verdade se revele por si. O silêncio, nesse contexto, é símbolo do divino em repouso. Da origem. Do lugar onde o verbo ainda não foi pronunciado. É dali que brota o ensinamento. E é a esse silêncio que Maria retorna, para ouvir o que os outros não escutaram.

Os sete véus, mencionados em paralelo com tradições do Oriente e do esoterismo ocidental, também são atribuídos à jornada de Maria. Cada véu retirado é uma camada do ego desfeita. Cada revelação é um passo em direção ao centro. Maria Madalena, como iniciada, teria passado por esses estágios, tornando-se canal do sagrado. Seu simbolismo é profundamente alquímico: ela é o mercúrio que transmuta, o fogo que purifica, o vaso que recebe e transforma.

Há também o símbolo da "luz". Ela aparece repetidamente nos textos que a mencionam. Maria é associada à luz secreta. Não à luz ofuscante da evidência, mas à luz sutil da sabedoria. Ela vê o que os outros não veem. Não porque tenha olhos melhores, mas porque sabe olhar. Sua luz não é sua: é reflexo da centelha divina que habita nela. Por isso, ela não brilha para si, mas para iluminar o caminho alheio. Como o archote que não se impõe, mas guia.

A linguagem simbólica que envolve Maria Madalena exige um leitor desperto. Um leitor que não busque certezas, mas revelações. Que não queira fórmulas, mas vislumbres. Cada símbolo associado a ela é uma porta. E cada porta, uma escolha. Entrar ou não. Ver ou recusar. Maria nunca força. Ela convida. E o convite é sempre silencioso, como tudo o que é profundo.

Por isso, sua presença nos textos não pode ser compreendida em leitura linear. Ela fala com camadas.

Com nuances. Com entrelinhas. É símbolo do feminino sagrado, do saber intuitivo, da força mística. Seu rosto não é um, mas múltiplos. Sua voz não se eleva, mas ressoa. Sua imagem não prende, mas liberta.

A simbologia que envolve Maria Madalena não se limita à sua figura histórica, mas se projeta como espelho para aqueles que ousam se ver além da superfície. A cada gesto, imagem ou silêncio associado a ela, desenha-se um mapa interior onde o caminho da alma se delineia pela capacidade de leitura sensível, e não pela lógica racional. O símbolo, como linguagem sagrada, não explica — desperta. É nesse despertar que a figura de Maria encontra seu sentido mais pleno: como catalisadora do encontro entre o visível e o invisível, entre o eu fragmentado e o ser essencial. Sua trajetória torna-se uma chave que não abre todas as portas, mas sugere que elas existem.

Ao mergulhar no simbolismo gnóstico, percebe-se que Maria não apenas representa a busca pelo divino — ela é o próprio movimento de retorno. Seus gestos, muitas vezes desfigurados por séculos de interpretações literais e moralizantes, ganham nova vida quando lidos como expressões arquetípicas da alma em processo de individuação. O beijo, o vaso, os sete demônios, os véus, a luz — todos são emblemas de uma travessia que não se faz nos altares, mas nos abismos interiores. E ao caminhar com ela por esses territórios simbólicos, cada leitor é convidado a refazer esse percurso em si: a desvelar, integrar e, finalmente, tornar-se inteiro.

Assim, compreender Maria Madalena como linguagem simbólica é mais do que interpretar suas ações: é reconhecer nelas um chamado. Um convite à escuta silenciosa, ao olhar penetrante, à leitura do mundo com os olhos do espírito. Ela não impõe dogmas, mas propõe sentidos. Sua presença transcende o tempo e se mantém viva sempre que alguém se dispõe a atravessar os próprios véus. Ao final, sua imagem não nos oferece respostas, mas entrega a pergunta essencial: o que em mim ainda precisa ser reconhecido? É nesse vazio fértil que o símbolo floresce — e onde Maria Madalena continua a revelar.

Capítulo 13
Ensinamentos Gnósticos

A tradição gnóstica não é uma construção teológica estática, mas uma vibração espiritual que percorre os subterrâneos da história com a sutileza da brisa que se infiltra pelas frestas das pedras. Ela nunca precisou de altares nem de templos de pedra. Sempre habitou os espaços internos, os corações que ousaram ouvir algo além do ruído institucional. É nesse campo de escuta, onde o silêncio revela mais que as palavras, que os ensinamentos gnósticos atribuídos a Maria Madalena ganham forma. Não como doutrina dogmática, mas como uma rota interior — o caminho de retorno à origem.

Para os gnósticos, a salvação não era questão de crença, mas de conhecimento. Um conhecimento que não se adquire pelos sentidos ou pela razão, mas pela lembrança daquilo que a alma já sabe. Esse conhecimento era chamado de *gnosis*. E Maria Madalena, em todos os textos gnósticos que a mencionam, é sempre retratada como a portadora dessa gnose, não porque leu, mas porque viu. Não porque aprendeu, mas porque se lembrou. Sua sabedoria não vinha de fora, mas do contato direto com a Fonte.

O centro dos ensinamentos gnósticos gira em torno da ideia de que o mundo material é um reflexo imperfeito de uma realidade superior. A alma humana, presa na carne e nas distrações sensoriais, esqueceu-se de sua origem divina. Mas traz dentro de si uma centelha, uma faísca de luz que pode ser reacendida. O caminho de retorno ao Divino é, portanto, um processo de despertar. E é exatamente isso que Maria Madalena representa: o ser que despertou, que cruzou os véus da ilusão e retornou à verdade.

No *Evangelho de Maria*, ela fala da alma que, ao deixar o corpo, passa por sete potestades. Essas potestades são forças que mantêm o ser humano preso à ignorância: medo, desejo, orgulho, ira, inveja, confusão, e apego ao mundo sensorial. Cada uma dessas forças é vencida não com armas, mas com conhecimento. A alma que se recorda de sua origem responde com sabedoria e segue adiante. Não se trata de julgamento externo, mas de superação interna. O Reino, como dizia Jesus, não vem com aparência exterior: está dentro de vós.

Maria Madalena, como iniciada nesse caminho, não é apenas discípula, mas condutora. Ela compreende o que Jesus ensina, mesmo quando os outros não compreendem. No *Evangelho de Filipe*, ela é aquela que sempre está ao lado do Cristo, recebendo os segredos do Reino. Os outros discípulos, frequentemente, se ressentem disso. Mas Jesus afirma que ela é digna. E digna porque está desperta, porque viu, porque reconheceu.

A gnose, nesse sentido, não é uma informação secreta escondida por elites espirituais. É uma experiência direta da verdade. É perceber que tudo o que está fora é apenas reflexo do que se encontra dentro. Que o céu e o inferno não são lugares distantes, mas estados de consciência. Que a verdadeira libertação não se encontra na fuga do mundo, mas na transcendência do mundo dentro do próprio ser.

Esse ensinamento foi perigoso para as estruturas que se consolidaram nos primeiros séculos do cristianismo. Um conhecimento que não depende de mediadores, de sacerdotes, de templos, é incontrolável. Uma espiritualidade que não exige obediência, mas despertar, escapa aos moldes do poder. Por isso, os textos gnósticos foram perseguidos, destruídos, silenciados. E Maria Madalena, como símbolo vivo dessa gnose, foi transformada em pecadora, em arrependida, em figura secundária. Tudo para que sua luz fosse contida. Mas luz não se apaga com tinta.

Para os gnósticos, Jesus era mais do que o redentor dos pecados. Era o mestre do conhecimento libertador. Ele vinha lembrar à humanidade sua origem. Vinha acender a centelha. Vinha romper os grilhões da ignorância. E Maria Madalena foi a primeira a reconhecer isso plenamente. Foi por isso que ele apareceu primeiro a ela, após a ressurreição. Porque ela estava pronta para ver com os olhos do espírito.

A tradição gnóstica fala também da queda. Uma queda que não é um pecado original, mas um esquecimento. A alma, ao mergulhar no mundo material, esquece-se de quem é. Vive em função dos sentidos, do tempo, das opiniões, das leis. Mas carrega dentro de si a lembrança da plenitude. Essa lembrança é a gnose. E Maria Madalena, como arquétipo da alma desperta, é a guardiã dessa memória.

Sua figura rompe com os padrões religiosos. Ela não é mãe, não é virgem, não é mártir. É sábia. É mulher plena. É aquela que fala com autoridade porque viu. Sua voz não vem do texto decorado, mas da visão interior. Sua mestria não é dada por um título, mas por uma presença. E é por isso que ela incomoda. Porque representa uma outra forma de espiritualidade. Uma espiritualidade encarnada, intuitiva, livre.

Os ensinamentos gnósticos são, muitas vezes, herméticos, cheios de imagens simbólicas, de estruturas complexas. Mas no centro de todos eles está uma verdade simples: há algo dentro de você que não pode ser destruído. Algo que não envelhece, que não adoece, que não morre. Esse algo é a centelha divina. É o Cristo interior. E Maria Madalena é a que aponta para isso com o silêncio de quem já não precisa provar nada. Ela apenas é.

Ao retomar essa tradição, ao ouvir novamente os textos que foram calados, algo também desperta em nós. Algo que reconhece, que vibra, que se emociona. Porque o que Maria ensina não é novo. É apenas esquecido. Ela não traz uma nova religião, mas a lembrança do que a religião quis dizer, antes de ser estrutura. A lembrança de que o Divino não está distante, mas pulsando agora, no centro do peito, onde o verbo ainda não foi dito.

Os ensinamentos gnósticos que envolvem Maria Madalena não propõem uma ruptura apenas com a ortodoxia religiosa, mas com todo o modo de perceber o sagrado como algo externo, hierárquico e condicionado. Ao contrário, sua voz nos conduz a um tipo de espiritualidade que nasce do reconhecimento — não de um credo, mas de uma intimidade. Maria ensina não pela palavra imposta, mas pela presença que inspira. E essa inspiração só é possível porque ela mesma percorreu o caminho. Sua autoridade espiritual vem da coerência entre o que viveu e o que revela, entre o que viu e o que compartilha. Sua gnose não é discurso — é substância. E, como tal, não pode ser ensinada como um conteúdo, mas apenas despertada como uma semente.

Nessa tradição, o papel de Maria não é apenas o de uma mulher que seguiu Jesus, mas o de um ser humano que cruzou as camadas da ignorância e retornou com a visão plena da verdade. Ela representa a integração da sombra e da luz, da dor e da consciência, do humano e do divino. Seus ensinamentos não se dirigem a massas, mas ao íntimo de cada ser que se pergunta: "Quem sou eu, além do que me disseram?". O saber gnóstico, portanto, é um chamado à coragem. Coragem de olhar para dentro, de romper com a narrativa superficial da existência e de encarar, sem véus, a própria essência. O que Maria nos oferece é uma bússola para essa travessia — não um caminho pronto, mas a lembrança de que o caminho existe, e que começa no silêncio.

Ao permitir que sua voz seja novamente ouvida, mesmo que através dos fragmentos sobreviventes da tradição gnóstica, resgatamos não apenas uma figura histórica esquecida, mas uma possibilidade viva de reconexão com o sagrado mais autêntico. Maria Madalena não pede adoração. Não demanda fé cega. Ela convida à escuta. E nessa escuta, muitas vezes sutil, o que se revela é uma espiritualidade que não quer nos afastar do mundo, mas nos despertar para ele — com olhos que veem além da aparência, com um coração que já não teme o abismo, porque reconheceu, nele, a porta para casa.

Capítulo 14
Outros Apócrifos

Entre os corredores ocultos da tradição cristã, onde as vozes dissonantes foram empurradas para os cantos sombreados da história, uma série de textos sagrados continuou a sussurrar narrativas que não foram incorporadas ao corpo doutrinal da ortodoxia. Esses escritos, conhecidos como apócrifos, constituem um vasto e misterioso território de revelações espirituais, visões cósmicas e figuras que desafiam o modelo instituído. Neles, Maria Madalena não é exceção. Ela emerge com ainda mais brilho, com autoridade, sabedoria e uma força que transcende os moldes do feminino tradicional. A sua presença nesses evangelhos alternativos é mais do que recorrente — é essencial.

Obras como o *Apócrifo de João*, a *Pistis Sophia*, o *Diálogo do Salvador* e textos cátaros mais tardios a resgatam como uma figura-chave na construção de um cristianismo esotérico, mais próximo da contemplação e do autoconhecimento do que da hierarquia e da dogmática. Esses evangelhos, embora marginalizados por concílios eclesiásticos que buscavam a padronização da fé, preservam em suas linhas um retrato muito mais íntegro e elevado da discípula de Magdala. Neles, Maria é símbolo e caminho, é a voz que compreende o invisível e traduz o indizível.

O *Apócrifo de João*, uma das obras fundacionais do pensamento gnóstico, revela uma cosmogonia complexa, repleta de éons, arquétipos, divindades e contradições celestes. Não menciona diretamente Maria Madalena, mas oferece o pano de fundo metafísico no qual sua figura se encaixa como mediadora entre mundos. A estrutura de realidade apresentada ali não permite passividade: tudo vibra, tudo se movimenta em direção à plenitude. E Maria, nos textos em que aparece, é a ponte entre esse mundo material decaído e a plenitude perdida — o *Pleroma*.

É na *Pistis Sophia*, contudo, que Maria Madalena aparece com um protagonismo incontornável. Neste evangelho esotérico, que mais se assemelha a um tratado de revelações espirituais do que a uma narrativa biográfica, ela formula mais da metade das perguntas dirigidas ao Cristo. Ela interpreta visões, analisa símbolos, dialoga com o Salvador com liberdade e lucidez. Sua postura é de igual para igual. Ela não ouve para obedecer, mas para integrar e transmitir. E quando os discípulos homens hesitam, é ela quem rompe o silêncio, oferecendo a palavra como instrumento de acesso à verdade.

Nesse texto, a personagem de Maria desafia completamente a ideia de uma discípula subalterna. Ela é mestra, não apenas por deferência do Cristo, mas por sua própria capacidade de penetrar os mistérios. Quando Jesus revela a queda de Sophia — a emanação divina que, ao desejar criar sem o consentimento do Altíssimo, precipitou o mundo material — Maria a compreende não como história mítica, mas como reflexão sobre a condição humana. E esse é o cerne do saber gnóstico: tudo o que se narra fora é reflexo do que se passa dentro.

Nos textos dos cátaros, movimento espiritual medieval que sofreu extermínio sistemático pela Igreja Católica, Maria Madalena é venerada como a herdeira legítima do conhecimento de Jesus. Diferentemente das construções romanas que a associaram à prostituição, os cátaros a reconheciam como símbolo da sabedoria encarnada, da fusão entre espírito e verdade. Para eles, ela representava a continuação da linhagem espiritual do Cristo, não no sentido biológico — como alguns pensadores modernos propuseram — mas no sentido místico: ela era a depositária do verdadeiro ensinamento, oculto aos olhos do mundo, mas visível aos corações despertos.

A tradição dos naassenos, uma das mais antigas correntes gnósticas, também apresenta indícios de veneração à figura feminina como condutora do saber. Embora seus textos não a mencionem diretamente, sua ênfase na dualidade divina — masculina e feminina — e na iniciação por meio do conhecimento interior encontra ressonância direta na imagem de Maria como mestra da gnose. Ela encarna essa sabedoria intuitiva que não se aprende, mas se reconhece. Não se ensina, mas se transmite pelo estar.

Esses apócrifos, por sua natureza simbólica e hermética, nunca foram destinados às massas. Eram textos de iniciação, reservados àqueles que percorriam o caminho interior. Por isso, a figura de Maria Madalena neles não aparece como propaganda doutrinária, mas como presença silenciosa e luminosa. Ela é guardiã do segredo. A que se senta ao lado do Mestre, não para ser instruída, mas para partilhar. Ela é a memória viva do que foi escondido.

Com o passar dos séculos, esses textos foram enterrados, condenados, declarados hereges. Mas não desapareceram. Foram preservados em câmaras subterrâneas, em desertos do Egito, nas memórias sussurradas entre os perseguidos. E quando o tempo se fez maduro, voltaram à luz. Como sementes que esperam a estação certa para brotar, as palavras de Maria emergiram com nova força. Não para fundar uma nova religião, mas para restaurar o que foi partido.

A imagem que se revela a partir desses apócrifos é poderosa. Maria não é uma mulher à margem dos acontecimentos, mas o centro de uma espiritualidade alternativa, não institucionalizada, onde o acesso ao divino não depende de ritos externos, mas da abertura do coração. Sua mestria é contemplativa, sua autoridade é silenciosa, sua presença é guia. Não precisa gritar para ser ouvida. Porque sua voz não se impõe aos ouvidos, mas ressoa no íntimo de quem escuta.

Esse retorno à imagem original de Maria Madalena tem um efeito regenerador sobre a espiritualidade contemporânea. Ele recorda que o saber espiritual não é privilégio de poucos, mas possibilidade de todos. Que não se trata de seguir, mas de despertar. Que o Cristo vivo não busca templos de pedra, mas almas dispostas. E que Maria, em sua inteireza, é o modelo dessa alma que se reconheceu, se reintegrou e agora conduz.

Nos outros apócrifos que não chegaram a ser nomeados por causa de sua fragmentação ou escassez, ainda assim há ecos da presença feminina sábia. São linhas dispersas, pedaços de papiros que sussurram o nome de uma mulher cujo brilho foi deliberadamente ofuscado. Mas mesmo na sombra, ela continua a irradiar. Porque o que Maria Madalena representa não pode ser enterrado. É o arquétipo da alma desperta. Da sabedoria encarnada. Do sagrado reencontrado.

Essa presença dispersa e, ao mesmo tempo, intensa de Maria Madalena nos apócrifos não apenas resgata sua dignidade espiritual, mas reconstrói uma ponte para uma forma esquecida de ver o mundo: uma espiritualidade da escuta, da interioridade e da liberdade. Em cada fragmento em que ela surge, há um convite velado à reintegração — não de dogmas, mas de sentido. Sua voz, tantas vezes abafada por conveniências teológicas, atravessa o tempo com uma clareza serena, como quem sabe que o que é verdadeiro não precisa disputar espaço. Os apócrifos não a usam como ornamento narrativo; eles a reconhecem como guardiã de uma linhagem de saber que escapa à lógica do poder e encontra morada na consciência desperta.

O retorno desses textos ao debate contemporâneo não é um acaso histórico, mas uma resposta silenciosa à sede de sentido que atravessa os nossos dias. Em um mundo saturado de ruído e carente de significado, Maria Madalena ressurge como sinal e direção. Não como personagem mitológica, mas como símbolo de uma possibilidade real: a de reconectar-se com o sagrado sem mediações, sem culpas, sem medo. Os evangelhos alternativos oferecem uma outra leitura não só da figura dela, mas do próprio Cristo e da jornada humana como travessia iniciática — onde cair é esquecer e despertar é lembrar. E Maria está ali, na encruzilhada desse caminho, acendendo a tocha da lembrança.

A sobrevivência desses escritos, mesmo diante da destruição sistemática, revela a força dos símbolos vivos. Porque o que Maria representa não pode ser silenciado: é uma presença que emerge sempre que alguém se volta para dentro em busca de verdade. E é nesse gesto íntimo e transformador que ela segue viva — não como lembrança de um passado distante, mas como expressão de uma sabedoria que continua a pulsar. Os apócrifos que a revelam são, por isso, mais do que registros antigos: são espelhos para a alma que desperta. São sinais para quem busca. E Maria, sempre ela, é o olhar que atravessa o tempo, chamando pelo nome aqueles que estão prontos para ver.

Capítulo 15
Tradição Gnóstica

Nos subterrâneos da história espiritual do Ocidente, longe dos altares oficiais e das catedrais erigidas sobre pedra e sangue, existe uma tradição que jamais se curvou ao império da forma. Essa tradição é a corrente gnóstica — um rio profundo e oculto que atravessa os tempos, trazendo consigo a memória do divino perdido e a sede pela verdade não domesticada. Dentro dessa corrente, Maria Madalena não é uma sombra periférica, mas uma presença axial. É Sophia revelada, é Sabedoria viva, é manifestação do feminino sagrado que pulsa sob as estruturas patriarcais da religiosidade estabelecida.

A tradição gnóstica é, em essência, mística e radical. Ela não procura converter, nem se impõe como dogma. Sua missão é despertar. E despertar significa lembrar. Lembrar que o mundo material é uma prisão construída por camadas de ilusão, onde a alma esquece sua origem e se confunde com aquilo que não é. O que os gnósticos chamam de "queda" não é um pecado, mas um esquecimento. O erro não está no desejo, mas na ignorância. E é por isso que a salvação, para eles, não vem do sacrifício, mas do conhecimento. Conhecer é libertar-se.

Esse conhecimento, a *gnosis*, é transmitido de modo oculto, através de símbolos, visões, diálogos interiores. Não pode ser imposto nem ensinado em praças públicas. Ele é semente que germina apenas em solo fértil — o coração preparado. Jesus, para os gnósticos, era o portador dessa gnosis. Um mestre de realidades invisíveis, um emissário do Pleroma, o reino da plenitude divina. Seu objetivo não era fundar uma nova religião, mas recordar ao ser humano que é mais do que carne, mais do que história, mais do que mundo.

E Maria Madalena, dentro dessa visão, não foi apenas sua discípula mais próxima. Ela foi a que compreendeu. A que viu além das palavras. A que entendeu a mensagem não com os ouvidos, mas com o ser inteiro. Ela representa a alma que se libertou, que atravessou as potestades do mundo e retornou ao Silêncio primordial, ao seio da Luz. Por isso, nos evangelhos gnósticos, é a única entre os discípulos que compreende os mistérios. Sua compreensão não vem da erudição, mas da fusão com o divino.

A cosmologia gnóstica é densa. O universo, segundo seus textos, foi criado por um ser inferior — o Demiurgo — que, ignorante da verdadeira origem, moldou o mundo como cópia imperfeita da realidade superior. Esse Demiurgo, às vezes identificado com o Deus do Antigo Testamento, é o responsável pela prisão da alma na matéria. Acima dele, porém, existem os Éons — emanações da Fonte, seres de pura luz que habitam o Pleroma. Sophia, a Sabedoria, é uma dessas emanações. E sua queda é o que dá origem ao mundo material. Ela desce por compaixão, por desejo de conhecer, por erro — e sua queda é também o chamado à redenção.

Maria Madalena, nesse contexto, é Sophia encarnada. Não como alegoria, mas como realização espiritual. Ela é aquela que caiu, que sofreu, que se perdeu — mas que lembrou. E ao lembrar, tornou-se caminho para outros. Sua figura é a reconciliação do feminino com o divino, da matéria com a luz, do corpo com o espírito. Não por negação do mundo, mas por sua transcendência. Ela não foge da realidade: ela a transforma com sua presença desperta.

Na tradição gnóstica, o feminino tem papel central. Diferente das tradições ortodoxas, onde a mulher é subalterna ou símbolo de pecado, aqui ela é ponte para o divino. O feminino é o receptáculo da gnose. Não por inferioridade, mas por sensibilidade espiritual. A alma, quando representada nos textos gnósticos, é feminina. É ela quem deseja retornar. É ela quem sente. É ela quem busca. E Maria Madalena é o arquétipo desse movimento. Sua jornada é a jornada da alma em todos os tempos.

As igrejas gnósticas, em suas múltiplas expressões ao longo da história, sempre reconheceram essa verdade. Entre os valentinianos, os cátaros, os maniqueus e outros, o feminino era honrado não apenas como símbolo, mas como presença. Mulheres lideravam rituais, transmitiam ensinamentos, revelavam visões. A estrutura dessas igrejas era carismática, baseada no reconhecimento espiritual e não em ordens hierárquicas impostas. A autoridade vinha da luz interior. E nesse cenário, Maria Madalena era não apenas lembrada, mas invocada como modelo.

Os rituais dessas comunidades também espelhavam essa visão integrada. Havia iniciações simbólicas que representavam a morte do ego e o nascimento da consciência. Havia banhos rituais, bênçãos de óleo, celebrações do sagrado através do corpo. O pecado não era concebido como ofensa a uma lei externa, mas como afastamento da verdade interna. E a redenção era o retorno a si, a lembrança do nome original, da origem pura.

A gnose, para essas tradições, não era um luxo espiritual, mas uma necessidade vital. Viviam num mundo que rejeitava o espírito livre, que exigia conformidade, que punia o diferente. A gnose era, então, resistência. Era a recusa de aceitar uma realidade moldada pelo medo e pela culpa. Era o fogo que impedia o congelamento da alma. E Maria Madalena, como figura central desse movimento de retorno, tornava-se sinal de contracorrente. Ela lembrava que havia outro modo de viver. Outro modo de crer. Outro modo de ser.

Essa tradição gnóstica, perseguida por séculos, nunca desapareceu. Continuou viva nas entrelinhas, nas lendas, nos mistérios velados, nas práticas secretas. Seu renascimento, nos tempos modernos, não é modismo. É memória. É resposta ao cansaço de uma espiritualidade que perdeu o sagrado e abraçou o sistema. Maria Madalena volta à cena não como personagem reinventada, mas como memória resgatada. Sua presença aponta para um cristianismo que não teme a liberdade, que não domestica o espírito, que não nega o corpo. Um cristianismo que respira.

Essa respiração que percorre a tradição gnóstica é a própria essência de uma espiritualidade que não pode ser enquadrada em doutrinas rígidas ou controlada por estruturas autoritárias. O sopro da gnose é livre porque nasce de dentro, e é por isso que não se dobra aos imperativos do tempo ou das instituições. Maria Madalena, nesse fluxo vivo, não é símbolo do que foi, mas do que permanece possível. Ela encarna o feminino que sente, que pressente, que compreende sem necessidade de explicação. Sua presença reafirma que o despertar é uma experiência pessoal e intransferível — e que cada ser humano pode, como ela, atravessar o labirinto do mundo e reencontrar o centro silencioso onde habita a verdade.

A beleza radical da tradição gnóstica está justamente em sua recusa em oferecer respostas prontas. Ela convida ao risco da interioridade, ao mergulho sem garantia, à travessia sem mapa. Por isso, nunca atraiu massas, mas buscadores. Aqueles que, inquietos diante das fórmulas mortas, ousaram escutar o que sussurra entre as palavras. É nesse espaço de escuta que a figura de Maria Madalena se agiganta. Não como exceção, mas como expressão plena do que todos podem ser. Ela é lembrança e promessa. É o que se perdeu e o que se pode reencontrar. Seu caminho é o da revelação que nasce da fidelidade à própria alma — um caminho em que o divino não é adorado à distância, mas reconhecido como presença íntima e amorosa.

A tradição gnóstica não sobreviveu porque foi protegida — ela sobreviveu porque é verdadeira. E o que é verdadeiro encontra sempre forma de ressurgir, mesmo sob o peso de séculos de silêncio. Hoje, quando o mundo volta a perguntar sobre o sentido, sobre o sagrado, sobre o mistério, Maria Madalena retorna como resposta viva. Não uma resposta que encerra, mas que abre. Que não dita, mas inspira. Ela não representa um fim, mas um começo — o início de um cristianismo possível, onde o espírito não é servo, mas chama. Onde o corpo é templo, e o coração, altar. Onde o silêncio revela mais que mil palavras. E onde, enfim, o sagrado volta a respirar.

Capítulo 16
Tradição Ortodoxa

A memória oficial da fé, moldada por concílios, dogmas e estruturas de poder, possui o estranho hábito de sufocar os rostos que não se encaixam em seu espelho. Quando a espiritualidade deixa de ser caminho e se torna instituição, o espírito é substituído pela letra, e os nomes se tornam molduras para retratos convenientes. Foi nesse movimento de controle e padronização que a figura de Maria Madalena, uma das mais vibrantes e espiritualmente autônomas do cristianismo nascente, foi empurrada para os bastidores da história e da liturgia. Da apóstola enviada pelo próprio Cristo, foi transformada, aos poucos, em símbolo de pecado, de arrependimento, de subordinação.

No seio da tradição ortodoxa, que se consolidava entre os séculos II e IV com o apoio crescente do Império Romano, a necessidade de unificação doutrinária era urgente. A diversidade de evangelhos, interpretações e práticas ameaçava a estabilidade da fé institucional. Surgia, então, um cristianismo imperial, que precisava não apenas de um credo claro, mas também de figuras que servissem aos novos ideais de obediência, pureza e masculinidade sacerdotal. Nesse contexto, uma mulher independente, espiritualmente elevada, próxima de Jesus e portadora de ensinamentos místicos era, simplesmente, um risco. Maria Madalena precisava ser domesticada.

A manobra eclesiástica começou silenciosamente. Primeiro, pela omissão de seu protagonismo. Depois, pela fusão deliberada com outras figuras femininas dos evangelhos. A mulher que ungiu os pés de Jesus com lágrimas e perfume, identificada apenas como pecadora, foi associada a Maria Madalena sem nenhuma base textual direta. A lógica era conveniente: uma mulher próxima demais do Mestre só poderia tê-lo sido por arrependimento, não por sabedoria. O discurso patriarcal exigia que toda mulher notável fosse, antes de tudo, curada de sua natureza desviada.

Essa imagem consolidou-se oficialmente no século VI, quando o papa Gregório Magno, em uma homilia célebre, declarou que Maria Madalena, Maria de Betânia e a pecadora anônima de Lucas eram a mesma pessoa. A fusão foi política e teológica. Ao transformá-la em prostituta arrependida, a Igreja garantia que sua influência se tornasse inofensiva, limitada ao campo da penitência e da moral. Ela podia ser santa, desde que não reivindicasse palavra. Podia ser amada, desde que nunca fosse ouvida. O altar permitia sua imagem, mas não sua voz.

Essa versão de Maria atravessou a Idade Média, disseminada nos sermões, nos vitrais das catedrais, nos cânticos litúrgicos e nas representações artísticas. A Madalena penitente, de longos cabelos desgrenhados e olhos marejados, ajoelhada aos pés da cruz ou recolhida em eremitérios, tornou-se ícone da culpa redimida. Uma figura útil para reforçar a submissão feminina e a lógica de que toda mulher virtuosa, em algum momento, precisou ser salva por um homem. A espiritualidade que ela representava nos textos gnósticos foi apagada. Em seu lugar, instituiu-se a narrativa do arrependimento como caminho único para a santidade feminina.

Na teologia dogmática, Maria Madalena raramente aparece como referência. Seus feitos são citados com parcimônia, sempre subordinados à figura dos apóstolos homens. Nos evangelhos canônicos, ela é testemunha da ressurreição, mas esse feito monumental é diluído nas interpretações exegéticas que o minimizam. Sua condição de anunciadora do Ressuscitado, de primeira evangelizadora, é mencionada apenas como curiosidade histórica, não como chave teológica. A Igreja reconheceu sua santidade, mas restringiu sua influência. Canonizou seu nome, mas silenciou sua mensagem.

Esse processo não foi apenas uma reinterpretação teológica, mas uma operação simbólica. Ao marginalizar Maria Madalena, a tradição ortodoxa marginalizava tudo aquilo que ela representava: o acesso direto ao divino, a autoridade espiritual feminina, a união entre saber e amor, corpo e espírito, matéria e transcendência. Sua exclusão foi a exclusão da mística em favor da estrutura. Da gnose em favor do dogma. Do sagrado feminino em favor do sacerdócio masculino.

Com o advento do cristianismo como religião oficial do Império Romano, a figura de Maria se tornou ainda mais problemática. Em uma religião que agora era instrumento de coesão política e controle social, não havia espaço para mulheres líderes, nem para vozes espirituais que desestabilizassem a ordem. O modelo de mulher ideal passava a ser a Virgem Maria: submissa, silenciosa, intermediária passiva entre Deus e os homens. Madalena, com sua força interior e sua autonomia, era o avesso disso. Precisava ser contida, redefinida, ressignificada.

Mesmo assim, sua imagem sobreviveu. Não em tratados teológicos, mas na devoção popular. Em muitas comunidades camponesas, em ordens monásticas mais contemplativas, em tradições orais que se transmitiam nas margens do oficialismo, Maria Madalena era venerada como santa, intercessora, curadora. Mas essa veneração sempre teve uma duplicidade: celebrava-se a mulher santa, mas esquecia-se a mestra. Cultuava-se o arrependimento, mas silenciava-se a sabedoria. E assim, o que restou foi um espelho quebrado. Fragmentos de uma figura incompleta, distorcida, amputada de seu significado mais profundo.

A tradição ortodoxa não ignorava a existência dos textos apócrifos. Conhecia-os. Rejeitava-os. Rotulava-os de heréticos, duvidosos, perigosos. Não por ausência de valor, mas por excesso de poder simbólico. O que Maria Madalena representava nesses textos era uma ameaça à ordem estabelecida. Era a lembrança de uma espiritualidade não mediada, não hierárquica, visceralmente feminina. E isso, durante séculos, foi considerado inaceitável.

Somente nos séculos XX e XXI, com a redescoberta dos evangelhos gnósticos e o avanço da teologia feminista, é que a figura original de Maria

Madalena começou a emergir novamente. Estudos acadêmicos, descobertas arqueológicas e movimentos espirituais alternativos começaram a desmontar o mito da pecadora e a recuperar a apóstola, a mestra, a iniciada. A Igreja, ainda relutante, começou a recuar. Em 1969, o Vaticano retirou oficialmente a identificação de Maria com a pecadora anônima. Em 2016, declarou-a "Apóstola dos Apóstolos". Mas esses gestos, embora significativos, ainda não foram suficientes para restaurar plenamente sua memória.

A tradição ortodoxa, ao negar Maria Madalena como líder espiritual, negou também o direito das mulheres à liderança religiosa. Esse veto teve consequências profundas: estruturou séculos de exclusão, alimentou a misoginia institucional, impediu que a voz feminina florescesse no coração da fé. O resgate de Maria é, portanto, mais do que um ato histórico. É um gesto profético. É a recuperação de uma ancestralidade espiritual suprimida. É o retorno da Sabedoria.

A redescoberta de Maria Madalena não apenas lança nova luz sobre uma personagem esquecida, mas reconfigura toda a compreensão da espiritualidade cristã primitiva. Em vez de uma trajetória linear, regulada por dogmas imutáveis, revela-se um cristianismo plural, marcado por tensões, disputas e silenciamentos. A presença de Madalena nos evangelhos gnósticos aponta para uma espiritualidade baseada na experiência direta do sagrado, onde a autoridade não vinha do poder institucional, mas da intimidade com o divino. Ao reemergir como mestra e apóstola, ela expõe as lacunas da tradição oficial e convida a uma releitura mais profunda das raízes da fé cristã.

Essa releitura, no entanto, não se limita ao campo acadêmico ou teológico. Ela tem implicações vivas para o presente, especialmente no que diz respeito à participação das mulheres nas esferas espirituais e religiosas. O retorno simbólico de Maria Madalena é também o retorno de um feminino silenciado, que clama por reconexão com o mistério, com a escuta interior, com a fusão entre razão e intuição. Recuperar sua voz é romper com séculos de exclusão e abrir espaço para uma espiritualidade mais inclusiva, sensível e integral — uma espiritualidade que reconhece no corpo e na vida concreta a expressão legítima do divino.

Nesse sentido, Maria Madalena não é apenas uma personagem histórica a ser reabilitada, mas um arquétipo que ressurge para inspirar transformações. Seu legado, arrancado das margens e resgatado da sombra, aponta para um caminho em que a sabedoria não é monopólio, mas partilha; em que a fé não se sustenta pela hierarquia, mas pelo encontro. Sua história convida ao equilíbrio entre tradição e liberdade espiritual, entre memória e revelação, entre o visível e o invisível. E, talvez por isso, sua voz, antes abafada, hoje ecoe com mais força do que nunca.

Capítulo 17
Conflito e Marginalização

Toda luz que se revela no mundo encontra inevitavelmente a sombra que tenta apagá-la. Assim foi com Maria Madalena, cuja presença nas primeiras comunidades cristãs tornou-se, ao mesmo tempo, fonte de inspiração e de desconforto. O conflito entre as tradições gnóstica e ortodoxa não foi um acidente teológico, mas o resultado inevitável do embate entre duas formas distintas de compreender o sagrado, o poder e o papel da mulher na espiritualidade. E foi nesse embate que Maria Madalena foi arrastada, não por seus méritos ou falhas, mas por aquilo que ela simbolizava: a possibilidade de um cristianismo mais livre, interior e feminino.

As raízes dessa marginalização estão no próprio processo de institucionalização da fé cristã. Enquanto as comunidades gnósticas valorizavam o conhecimento interior, a experiência direta do divino e a igualdade entre homens e mulheres na busca espiritual, a tradição que viria a se tornar ortodoxa preocupava-se em estabelecer uma doutrina única, um corpo de autoridade eclesiástica e uma hierarquia clerical. Nesse modelo, não havia espaço para uma figura como Maria Madalena, que desafiava com sua existência as fronteiras entre discípulo e mestre, entre mulher e apóstolo, entre fé e saber.

Nos textos gnósticos, o episódio em que Pedro questiona a autoridade de Maria é emblemático. No *Evangelho de Maria*, sua narrativa da visão espiritual e do caminho da alma é interrompida por Pedro, que duvida que Jesus tenha realmente confiado a ela tais ensinamentos. Levi a defende, dizendo que se o Mestre a escolheu, é porque ela era digna. Mas o que está em jogo não é apenas uma divergência entre discípulos. É o espelho de uma cisão que moldaria os destinos da fé cristã por séculos: a disputa entre o espírito e a instituição, entre a sabedoria que flui e a autoridade que se impõe.

Essa tensão não foi apenas simbólica. Ela teve consequências práticas, culturais e espirituais profundas. Ao excluir Maria Madalena da narrativa apostólica oficial, a Igreja excluiu, junto com ela, o modelo de liderança espiritual feminina. A sua autoridade foi deslegitimada, sua voz silenciada, sua experiência espiritual reduzida à penitência. O feminino foi empurrado para o papel de intercessor submisso ou de pecadora redimida, nunca de mestra ou iniciada. A figura da mulher foi encaixada em moldes rígidos, sob o argumento da ordem divina, mas sustentada pelo desejo humano de controle.

Os efeitos dessa marginalização ainda ecoam. Durante séculos, as mulheres foram impedidas de pregar, de interpretar os textos sagrados, de exercer liderança espiritual em igualdade com os homens. A teologia foi escrita quase exclusivamente por mãos masculinas, e as imagens do divino foram moldadas por uma visão patriarcal que via o feminino como perigo, tentação ou fragilidade. Maria Madalena, que havia sido exemplo de coragem, sabedoria e fidelidade, tornou-se exemplo de arrependimento. Sua transformação foi uma pedagogia sutil: toda mulher espiritual deveria passar antes pela humilhação da culpa.

Contudo, essa estratégia de silenciamento nunca foi completa. Houve sempre comunidades que mantiveram viva a lembrança da verdadeira Maria. Os cátaros, por exemplo, reverenciavam-na como portadora da sabedoria secreta. Em suas comunidades do sul da França, ela era invocada como a que conheceu os mistérios e que os transmitiu a iniciados silenciosos. Sua imagem circulava entre manuscritos ocultos e lendas populares, longe dos olhos dos inquisidores. Ali, sua memória resistia.

Outros movimentos dissidentes, como os bogomilos, os valdenses e algumas seitas orientais cristãs, também guardaram fragmentos dessa presença. E mesmo onde a tradição oficial a havia transformado em penitente, a devoção popular não deixou de reconhecer nela uma figura especial. Sua proximidade com Jesus, sua coragem diante da cruz, sua presença no túmulo vazio eram sinais inapagáveis de que havia mais nela do que os dogmas permitiam.

A marginalização de Maria Madalena não foi apenas uma perda histórica. Foi uma ferida espiritual. Ao negá-la, a cristandade negou uma parte de si mesma. Negou a sabedoria intuitiva, a compaixão ativa, a liderança silenciosa. Negou o feminino como fonte de revelação. E essa negação moldou uma espiritualidade desequilibrada, marcada pelo excesso de razão, de hierarquia, de doutrina, e pela escassez de amor, de escuta e de liberdade.

No entanto, há uma verdade que não se pode calar indefinidamente. Com o tempo, os véus começaram a cair. Os evangelhos apócrifos vieram à luz. A arqueologia revelou manuscritos enterrados por milênios. A teologia começou a ser reescrita por mãos femininas. E, no meio dessa redescoberta, Maria Madalena reapareceu. Não como figura nova, mas como memória reencontrada. Sua marginalização tornou-se, paradoxalmente, a prova de sua importância. Porque só se tenta apagar o que brilha.

Hoje, ao revisitar esse conflito entre as tradições gnóstica e ortodoxa, percebe-se que ele não foi apenas um embate entre ideias religiosas, mas entre visões de mundo. De um lado, uma espiritualidade viva, que valoriza a experiência direta com o divino, que reconhece o saber intuitivo, que acolhe a diversidade de expressões do sagrado. Do outro, uma estrutura que buscava unidade à custa da pluralidade, controle à custa da liberdade, obediência à custa da escuta.

Maria Madalena foi o ponto de atrito entre esses dois mundos. Ela foi silenciada porque sua voz desestabilizava. Mas sua mensagem atravessou o tempo. Porque o que ela representava não era apenas uma mulher do passado, mas uma força arquetípica do presente: a alma que se recorda de sua origem, que não se curva à ignorância, que anuncia a luz mesmo quando ninguém quer ouvi-la.

Seus ecos, embora abafados por séculos de ortodoxia, continuaram a vibrar nos subterrâneos da espiritualidade humana. Maria Madalena tornou-se o símbolo não apenas da mulher silenciada, mas de todas as vozes abafadas pela rigidez das instituições. Sua figura ultrapassou o contexto religioso para habitar a psique coletiva como representação do saber recusado, do amor incondicional, da liberdade espiritual que insiste em emergir mesmo sob as cinzas da repressão. E cada vez que sua memória é invocada, ela carrega consigo o clamor de tudo aquilo que foi calado, mas não esquecido.

Essa persistência não é um mero detalhe histórico, mas um convite à reconciliação. Reconciliar-se com Maria Madalena é reconciliar-se com o que foi rejeitado: o feminino sagrado, o místico, o intuitivo, o espontâneo. É um gesto que exige coragem, pois implica desarmar as certezas e escutar com o coração o que a razão aprendeu a desprezar. As tradições que a mantiveram viva nos bastidores da fé foram, em essência, guardiãs de uma sabedoria subterrânea que agora começa a brotar com nova força. E nesse florescer, não há vingança, mas lembrança. Não há disputa, mas reintegração.

Nesse novo horizonte espiritual, a marginalização de Maria Madalena já não é uma sombra que oprime, mas uma cicatriz que ensina. Ela marca o caminho de retorno ao equilíbrio, à escuta do invisível, à presença viva do sagrado em formas diversas. E ao ocupar novamente seu lugar como mestra e apóstola, ela não apenas reescreve a história, mas reabre os caminhos do espírito — para homens e mulheres, para crentes e buscadores, para todos os que intuem que, além da estrutura, existe ainda um mistério pulsando, esperando ser reconhecido.

Capítulo 18
Sagrado Feminino

Entre o ruído do mundo e o silêncio da alma, ergue-se um chamado que vem atravessando os séculos, persistente e suave como um cântico esquecido. É o sussurro do Sagrado Feminino — não como conceito moderno, mas como uma força ancestral, profunda e cósmica que sempre esteve presente nos mitos, nas orações e nas experiências de êxtase da humanidade. Maria Madalena ressurge nesse cenário não como personagem coadjuvante, mas como manifestação viva dessa sacralidade que, por séculos, foi sufocada, ocultada e, ainda assim, nunca inteiramente apagada.

A redescoberta de Maria Madalena nas últimas décadas é inseparável da ressurreição do Sagrado Feminino. Onde antes ela era vista apenas como pecadora redimida ou como figura de devoção silenciosa, agora ela emerge como símbolo da sabedoria feminina, da intuição espiritual e do poder curativo que nasce do amor compassivo. Sua imagem atual não se limita mais ao arrependimento, mas se expande como expressão da Sophia, a Sabedoria divina que perpassa todas as tradições espirituais, das mais antigas às mais sutis.

O Sagrado Feminino não é um atributo exclusivo das mulheres, mas um princípio universal. É a dimensão da espiritualidade que acolhe, que escuta, que transforma com ternura. É o útero arquetípico onde o espírito é gestado. É a matriz da criação, o mistério da cura, a dança da receptividade e da coragem. Maria Madalena, nessa perspectiva, representa a manifestação humana desse princípio. Não apenas pelo que viveu ao lado de Jesus, mas por quem se tornou: a que viu, a que compreendeu, a que sustentou o invisível com sua presença desperta.

Nos evangelhos gnósticos, Maria é aquela que recebe o ensinamento mais profundo. Não por acaso. O Sagrado Feminino é, por natureza, receptivo ao mistério. Ele não exige provas. Ele percebe o sentido por meio da vibração, não da lógica. É nessa frequência que Maria opera. Sua escuta é silenciosa, mas radical. Ela não disputa a palavra, ela a revela. E é por isso que sua figura, ao ser redescoberta, traz consigo uma nova forma de espiritualidade — uma forma que não exclui, que não hierarquiza, mas que integra, que acolhe e que transforma pelo afeto.

Muitos movimentos esotéricos e místicos do século XX reconheceram essa nova face de Maria. Passou-se a vê-la como encarnação da Sophia, a Sabedoria divina feminina presente na Criação. Em tradições como a teosofia, o esoterismo cristão e a espiritualidade alternativa, Maria Madalena tornou-se símbolo do retorno da Deusa — não como entidade separada, mas como força imanente no mundo, como consciência desperta da Terra e do corpo, como presença que cura por meio do amor.

Nessa visão, sua relação com Jesus não é apenas histórica ou afetiva, mas arquetípica. Ambos representam, juntos, a união do Masculino e do Feminino divinos. Ele, o Logos, a Palavra. Ela, a Sophia, a Sabedoria. O encontro entre os dois não é carnal, mas místico. Uma dança espiritual onde cada um espelha no outro o que há de mais sagrado. Maria é, portanto, a contraparte esquecida do Cristo. Não por submissão, mas por espelhamento. Ela o compreende porque já é parte daquilo que ele manifesta.

O simbolismo da Rosa, por exemplo, frequentemente associado a Maria Madalena, representa o coração em flor, o amor que se revela em camadas, o centro da sabedoria que pulsa no peito. A Rosa é também símbolo da Deusa, da perfeição velada, da beleza que não precisa justificar-se. Em muitos círculos espirituais, Maria é chamada de Rosa Mística. Não porque seja inatingível, mas porque sua sabedoria não se impõe: se insinua. E nesse insinuar, desarma, desvela, desperta.

A redescoberta do Sagrado Feminino através de Maria Madalena tem efeitos profundos sobre a espiritualidade contemporânea. Ela resgata valores que foram reprimidos: a sensibilidade, a escuta, a compaixão, a entrega. Não como fraquezas, mas como potências. E recoloca no centro da experiência espiritual algo que a religião institucionalizada havia deixado de lado: o corpo. Maria não nega a carne. Ela a redime. Sua espiritualidade é encarnada, é vivida no toque, no cuidado, no gesto.

Ao reconhecer Maria como símbolo do Sagrado Feminino, a espiritualidade deixa de ser um caminho de negação e se torna um caminho de integração. Integra o céu e a terra, o espírito e a matéria, a intuição e a razão, o silêncio e a palavra. E nesse caminho, Maria não caminha à frente nem atrás. Ela caminha ao lado. Como guia. Como irmã mais velha. Como aquela que já atravessou o fogo e agora acende a tocha para os que ainda hesitam.

É por isso que sua imagem ressurge com tanta força no século XXI. Não porque a história tenha mudado, mas porque o olhar mudou. A humanidade, cansada de dogmas e carente de sentido, voltou-se para dentro. E ao olhar para dentro, encontrou Maria. Não nos livros, mas nas lágrimas. Não nos altares, mas nos espelhos. Ela estava ali o tempo todo — no amor que cura, na intuição que guia, na sabedoria que não precisa gritar para ser escutada.

O Sagrado Feminino é, em sua essência, circular. Não há começo nem fim. Não há centro fixo, mas movimento. Maria Madalena é essa espiral. Cada vez que sua história é contada com verdade, um novo véu se desfaz. E mais uma alma desperta para o que há de sagrado dentro de si. Sua memória não é apenas uma questão histórica, mas um portal. Um convite a viver a espiritualidade com o coração aberto, os pés na terra e os olhos voltados para a luz que nunca se apaga.

Ao emergir como essa espiral viva, Maria Madalena nos convida a reencontrar a espiritualidade não como sistema, mas como experiência. Em seu caminho, não há doutrina rígida, mas presença. Não há hierarquia, mas partilha. A força que ela representa brota do profundo vínculo com a vida — com o ciclo, com o mistério, com o invisível que se manifesta nas coisas simples. Nela, o Sagrado Feminino não é discurso, mas gesto. É a mão que ampara, o olhar que acolhe, o silêncio que compreende. E é nessa intimidade com o divino que ela inspira não apenas uma nova fé, mas uma nova forma de estar no mundo.

Essa forma de estar não exclui o masculino, mas o reconcilia. O Sagrado Feminino não vem para substituir, mas para equilibrar. Ele se manifesta onde há escuta verdadeira, onde a ação nasce do amor e não do controle, onde a espiritualidade se torna dança entre opostos complementares. Madalena, como Sophia encarnada, é o ponto onde o céu toca a terra sem ruído, sem ruptura, apenas com presença. E talvez por isso seu retorno toque tão fundo as almas modernas — porque ela não oferece certezas, mas espaço; não promete glória, mas inteireza; não impõe caminhos, mas abre portais.

Ao acolher Maria Madalena como expressão do Sagrado Feminino, damos nome ao que já pulsa em nós: a saudade de uma espiritualidade mais humana, mais viva, mais inteira. Redescobrir sua figura é, também, redescobrir a si mesmo. É lembrar que o divino não está apenas nos grandes gestos ou nos altares solenes, mas na respiração consciente, no cuidado cotidiano, no silêncio fértil. Maria Madalena não retorna como símbolo de um passado restaurado, mas como anunciação de um futuro possível — um tempo em que corpo e alma, razão e mistério, mulher e homem possam, enfim, caminhar lado a lado, como partes de um mesmo sagrado.

Capítulo 19
Maria na Mística

Existe um lugar onde a razão se curva em reverência e o verbo se silencia diante da experiência direta do indizível. É neste terreno sutil, onde as almas se abrem à comunhão com o mistério, que a mística se estabelece. Mais que uma doutrina, ela é uma vivência íntima, uma travessia secreta, uma relação profunda entre o ser humano e o divino. E dentro dessa tradição, que desafia os contornos rígidos da teologia e da ortodoxia, Maria Madalena se revela como figura axial — não apenas uma presença histórica, mas um arquétipo espiritual que transcende os tempos, as formas e as instituições.

Desde a Idade Média, relatos e lendas sobre Maria Madalena permeiam a tradição mística ocidental. Nas encostas das montanhas da Provença, na França, ergue-se a gruta de Sainte-Baume, onde se diz que Maria viveu seus últimos anos em recolhimento, oração e contemplação. Essa narrativa, nascida entre o mito e a devoção, encontrou abrigo em corações sedentos por uma espiritualidade que unisse o amor apaixonado pela divindade à prática solitária da ascese interior. Ali, entre pedras e silêncio, ela teria se tornado espelho da alma que se despe de tudo para encontrar o Tudo.

Essa figura da Madalena eremita tornou-se símbolo da mística cristã medieval. Não era a penitente que chorava por pecados passados, como insistia a tradição eclesiástica, mas a amante do divino que, tendo conhecido o Cristo em sua dimensão plena, não encontrava mais sentido na vida mundana. A imagem que permanece é a da mulher de cabelos soltos, olhos voltados para o invisível, corpo nutrido apenas por êxtases espirituais. Não há ali culpa. Há comunhão. Um desejo insaciável de união com o Amado que transcende a carne e se instala no espírito.

Essa leitura encontrou eco nas obras de místicos renomados. São Bernardo de Claraval, místico do século XII, via em Maria Madalena o modelo da alma que, ao ser tocada pelo amor divino, abandona todas as posses interiores para ser apenas morada do Espírito. Mechthild de Magdeburgo e Hadewijch de Antuérpia, místicas do século XIII, também evocavam imagens da Madalena como aquela que ama sem reservas, que busca o Amado em cada gesto, que se dissolve no amor como o rio que encontra o mar. Nessas narrativas, Maria Madalena deixa de ser uma figura exterior para se tornar experiência interior.

A espiritualidade dos cátaros, profundamente influenciada pelo gnosticismo, preservou essa memória. Para eles, Maria Madalena era portadora da verdadeira doutrina de Cristo, não aquela corrompida pelos homens do poder, mas a doutrina secreta, pura, de libertação da alma. Venerada como a iniciada por excelência, ela era vista como a portadora da Luz. Seu papel não era o de apóstola arrependida, mas de sacerdotisa silenciosa da verdade não dita. A perseguição brutal sofrida por esse movimento no sul da França apenas reforçou a ideia de que havia um saber oculto, uma linhagem espiritual que Maria guardava em silêncio, longe dos olhos da inquisição.

Com o passar dos séculos, essa presença mística de Maria Madalena não desapareceu. Ela continuou a ser invocada em orações populares, cultuada em pequenas capelas nas montanhas, representada em afrescos e esculturas com olhos intensos e gestos de recolhimento. Em cada uma dessas manifestações, sua figura se esgueira pelos limites do dogma, mantendo-se viva como testemunha da união entre o humano e o divino. Ela se tornou, por direito, a noiva espiritual de Cristo — não como mito romântico, mas como expressão simbólica da alma plenamente unida ao mistério.

Nos tempos modernos, o ressurgimento da mística não veio pela voz das instituições, mas pelas margens: mulheres e homens que, cansados das repetições vazias das fórmulas religiosas, buscaram reencontro com o sagrado por vias não convencionais. Escritos canalizados, visões intuitivas, retiros de silêncio, peregrinações interiores. E foi nesse ambiente que Maria Madalena reapareceu. Em sonhos. Em meditações. Em palavras que surgiam sem serem pensadas. Sua presença tornou-se sinal de uma espiritualidade viva, não controlada, não domesticada. Uma espiritualidade que cura não por dogma, mas por amor.

Em círculos de meditação, ela é chamada. Em cerimônias de reconexão com o feminino, ela é evocada.

Em textos espirituais contemporâneos, suas mensagens são canalizadas como se o véu entre os mundos estivesse se afinando. E talvez esteja. Talvez, como sempre aconteceu com os verdadeiros místicos, o que se chama de delírio seja, na verdade, percepção expandida. Maria Madalena, nessa nova onda mística, não é propriedade de ninguém. Ela é símbolo de todos. De todas. Do humano que se atreve a amar o divino sem mediações, sem medo e sem reservas.

Sua presença também se faz sentir em locais de peregrinação. Sainte-Baume continua a receber peregrinos que não buscam milagres, mas silêncio. Saint-Maximin-la-Sainte-Baume, onde estão suas supostas relíquias, tornou-se ponto de encontro de buscadores que desejam mais do que explicações: querem sentir. E sentem. No aroma do incenso, na pedra fria tocada com reverência, na lágrima que escorre sem razão aparente. Maria não está ali em corpo. Está em vibração. Está em chamado.

O que une todas essas manifestações é o desejo da alma de amar plenamente. A mística, afinal, é isso: o abandono da ilusão de separação. Maria Madalena representa essa fusão. Ela não apenas viu o Ressuscitado. Ela ressuscitou consigo mesma. Tornou-se templo de uma presença que não cabe em palavras. E, por isso mesmo, é na mística que ela se revela com mais clareza. Não nas doutrinas, mas nas entrelinhas. Não nos credos, mas nos silêncios. Não nas regras, mas nos suspiros.

Esse reencontro com Maria Madalena no campo da mística não é um retorno nostálgico, mas uma resposta a uma sede contemporânea por profundidade, por sentido, por comunhão com o indizível. Sua figura transcende os limites do tempo porque fala diretamente à alma que busca, à alma que sente. E é precisamente por isso que ela toca tantas pessoas hoje: porque sua presença não exige adesão a uma crença, mas entrega a uma experiência. A mística, como Madalena, não impõe caminhos — ela os revela de dentro, como se a própria alma recordasse aquilo que sempre soube, mas havia esquecido.

Nesse espaço de reencontro com o mistério, Madalena convida ao despojamento: das certezas, das máscaras, das estruturas que tentam conter o inefável. Ela aponta para uma espiritualidade da presença, em que cada instante é morada possível do sagrado. Sua imagem, envolta em silêncio e intensidade, ensina que não há distância entre Deus e a alma — apenas véus. E esses véus, ela os desfaz não com força, mas com amor. Um amor que não é passividade, mas potência. Que não é concessão, mas sabedoria. Madalena, como arquétipo da mística, encarna a ousadia de quem ama o divino com o corpo inteiro, sem mediações nem reservas.

Assim, sua presença na tradição mística não é um detalhe, mas um eixo oculto que sustenta uma espiritualidade mais livre, mais encarnada, mais verdadeira. Maria Madalena é a guardiã dos segredos sussurrados entre Deus e a alma. E cada vez que alguém silencia para escutar, ela está ali. Cada vez que alguém se despe de si para se tornar morada do Espírito, ela se faz presente. Não como memória, mas como presença viva. Não como história, mas como caminho. E é por isso que, entre os sussurros da mística, seu nome continua sendo pronunciado — não por devoção cega, mas por reconhecimento amoroso. Porque há lugares onde só o amor sabe o caminho. E ela, desde sempre, é quem o indica.

Capítulo 20
Legado e Veneração

Nada que toca a alma com profundidade desaparece por completo. Mesmo silenciada, fragmentada, transformada em sombra do que foi, a verdade sempre encontra formas de permanecer. Maria Madalena, cuja figura atravessou os séculos entre extremos de glorificação e distorção, carrega um legado que sobreviveu não pelas instituições que tentaram moldá-la, mas pelos corações que a mantiveram viva. Sua vênere presença resistiu aos decretos, sobreviveu às fogueiras, permeou a arte, as orações e os gestos simples da fé popular. O seu legado, mais que uma herança teológica, é uma vibração. E essa vibração continua a ressoar.

    Desde os primeiros séculos do cristianismo, a figura de Maria Madalena foi reverenciada em diferentes tradições, embora com roupagens distintas. No Oriente, especialmente nas igrejas ortodoxas, ela é celebrada como a "Igual aos Apóstolos", título reservado a poucos e que a coloca como proclamadora do Cristo Ressuscitado. Nas liturgias orientais, seu papel é reconhecido com mais reverência do que no Ocidente, e sua imagem não é a da penitente, mas da portadora da luz. Já no Ocidente latino, sua imagem foi sendo progressivamente associada ao arrependimento e ao pecado, como já traçado nos capítulos anteriores. Ainda assim, mesmo sob esse véu imposto, sua presença não se apagou.

Diversas cidades, igrejas e comunidades foram batizadas com seu nome. Santuários dedicados a ela se multiplicaram por toda a Europa. A Igreja da Madeleine, em Paris, é apenas um dos exemplos de como sua memória ganhou raízes no continente. Em muitas regiões da França, Espanha, Itália e Alemanha, ela foi considerada padroeira de pecadores arrependidos, de mulheres em busca de recomeço, de convertidos tardios, mas também — e silenciosamente — daqueles que buscavam uma espiritualidade mais íntima, livre da rigidez clerical.

A arte medieval e renascentista testemunha a força de sua figura. Pintores, escultores e poetas se debruçaram sobre sua imagem, ora exaltando sua dor, ora captando sua sabedoria. As representações de Maria Madalena com cabelos soltos, segurando um vaso de perfume ou contemplando uma caveira, tornaram-se ícones de introspecção e silêncio. Ainda que muitas dessas imagens estivessem envoltas no imaginário da penitente, elas também comunicavam algo mais profundo: o recolhimento da alma, o confronto com a impermanência, a busca pela luz interior.

Esse legado simbólico se manteve, mesmo quando seu papel foi ofuscado pelos dogmas. A devoção popular, mais livre do que a teologia oficial, continuou a encontrá-la nas margens. Camponeses acendiam velas em seus altares caseiros. Mulheres em desespero oravam a ela em silêncio, sem intermediários. Místicos viam nela a presença de um amor que curava. E nas noites de incerteza, muitos encontravam em sua lembrança um consolo que nem mesmo os santos mais reconhecidos conseguiam oferecer.

No século XX, a teologia começou a revisitar seu papel com mais seriedade. Com o avanço da crítica bíblica e da arqueologia, estudiosos trouxeram à tona uma imagem de Maria muito mais próxima da realidade histórica. Descobertas como os manuscritos de Nag Hammadi, contendo evangelhos gnósticos em que ela é protagonista espiritual, trouxeram nova luz ao seu perfil. E, aos poucos, teólogos e teólogas, sobretudo nos campos da teologia feminista e das espiritualidades alternativas, começaram a reconstruir sua dignidade apostólica.

A culminância desse movimento ocorreu, de maneira simbólica, em 2016, quando o Vaticano, através da Congregação para o Culto Divino, elevou oficialmente a celebração litúrgica de Maria Madalena ao mesmo grau das festas dos apóstolos. Essa decisão, embora tardia, representou um passo significativo na revalorização de sua figura. Pela primeira vez, a Igreja reconhecia publicamente o título de "Apóstola dos Apóstolos", restaurando, ainda que parcialmente, o lugar que lhe havia sido negado por quase dois mil anos.

Mas o reconhecimento institucional não bastaria para conter a força do seu legado. A presença de Maria Madalena se expandiu para além dos limites do cristianismo tradicional. Nos movimentos de espiritualidade contemporânea, ela é evocada como guia, como arquétipo, como mãe espiritual. Em terapias holísticas, círculos de mulheres, práticas devocionais e retiros de autoconhecimento, sua figura é invocada como aquela que compreende a dor e conduz à transformação. Ela tornou-se símbolo da reconciliação entre corpo e espírito, entre razão e sentimento, entre masculino e feminino.

A celebração de sua festa litúrgica, em 22 de julho, também ganhou novos significados. Onde antes se falava de arrependimento, hoje se fala de ressurreição. Onde antes se exaltava a dor, hoje se celebra a luz. Comunidades ao redor do mundo realizam encontros, meditações e vigílias em sua honra, resgatando uma memória que é ao mesmo tempo antiga e nova. Porque Maria Madalena, como toda presença verdadeira, se renova a cada tempo.

Seus títulos foram muitos: pecadora, convertida, penitente, apóstola, santa, mestra. Mas nenhum deles esgota sua essência. Seu legado não pode ser contido em palavras. Ele vive naqueles que, como ela, ousaram amar além das normas. Nos que ouviram a voz interior mesmo quando tudo ao redor era silêncio. Nos que não se curvaram diante da exclusão, mas transformaram a dor em caminho. Seu nome tornou-se senha de um retorno ao essencial. De uma fé que não se limita a dogmas, mas que se abre ao mistério como se abre uma flor.

A veneração a Maria Madalena é mais do que culto. É resposta. É o reconhecimento de que há algo nela que nos lembra de nós mesmos. Da nossa origem luminosa. Do nosso poder esquecido. Da nossa sede de reencontro. E por isso, ela continua a ser buscada, não apenas por teólogos ou devotos, mas por todos os que sentem, no fundo do peito, que há uma verdade maior esperando para ser lembrada.

Essa verdade, que pulsa sob as camadas da história e do esquecimento, não pertence ao passado, mas se projeta continuamente no presente como chamado vivo. Maria Madalena permanece como um farol para aqueles que transitam pelas fronteiras da fé institucional e buscam um sentido mais profundo, mais livre, mais encarnado do sagrado. Seu legado não é uma doutrina a ser defendida, mas um caminho a ser percorrido — um convite constante ao amor incondicional, à escuta da alma, à coragem de transformar a dor em sabedoria. Ela não sobreviveu aos séculos por imposição, mas por ressonância. E é justamente nessa vibração silenciosa que continua a inspirar e guiar.

Em tempos de fragmentação espiritual, sua figura assume contornos ainda mais necessários. Maria Madalena se oferece como ponte: entre o visível e o invisível, entre o divino e o humano, entre o que fomos ensinados a temer e o que finalmente ousamos acolher. Ela aponta para uma espiritualidade da inteireza, que não nega as sombras, mas as ilumina. Sua presença convida à reconciliação — com a história, com o corpo, com a intuição, com o sagrado que pulsa no cotidiano. E ao resgatar seu nome, resgatamos também o direito de viver uma fé sensível, relacional, livre de hierarquias opressivas e aberta à diversidade da experiência humana com o mistério.

Assim, venerar Maria Madalena é, no fundo, um gesto de lembrança. Lembrança de que o amor é mais forte que a exclusão, de que a verdade não se cala para sempre, de que a presença sagrada pode se manifestar em qualquer um que ouse olhar para dentro com sinceridade. Seu nome, carregado de camadas e significados, não encerra uma trajetória, mas abre caminhos. E quem caminha sob essa inspiração não busca ídolos ou respostas fáceis — busca reencontro. Busca, como ela, o Amado além do túmulo, além das formas, além das palavras. E o encontra. Porque o legado de Maria Madalena é, em última instância, o próprio chamado à vida desperta.

Capítulo 21
A Tradição na França

Nas trilhas esquecidas do sul da França, entre colinas cobertas por lavanda e pedras antigas que guardam o sussurro dos séculos, permanece viva uma das tradições mais enigmáticas e persistentes da espiritualidade ocidental. É uma memória que resiste ao tempo, sustentada por peregrinos silenciosos, por monjas recolhidas, por buscadores que não se satisfazem com as versões oficiais. Nesse solo sagrado, a tradição afirma: Maria Madalena veio para cá. Não como fugitiva, mas como apóstola. Não para esconder-se, mas para semear. E aquilo que ela semeou continua florescendo.

Segundo as lendas que atravessaram gerações, após a morte de Jesus e a dispersão dos primeiros seguidores, Maria Madalena teria deixado a Terra Santa em um barco improvisado, sem velas nem remos, confiando-se ao mar e ao vento. Com ela teriam vindo outras figuras veneradas pelos cristãos primitivos: Marta, Lázaro, Maximin, e outros discípulos. O destino desse pequeno grupo, guiado por uma força que não dependia de mapas, teria sido a costa da Provença, no sul da Gália, região hoje conhecida como Sainte-Marie-de-la-Mer. Ali, teria começado a sua peregrinação em terra estrangeira, levando consigo não uma doutrina, mas uma presença.

A cidade de Saintes-Maries-de-la-Mer carrega esse nome por causa dessa tradição. Reza a lenda que foi ali que desembarcaram "as santas Marias", incluindo Maria Salomé e Maria Jacobé, e possivelmente também Maria Madalena. Mas foi mais para o interior que a presença de Madalena se fixou com maior intensidade espiritual: nas montanhas da Sainte-Baume. Ali, em meio à floresta densa e ao silêncio mineral das grutas, acredita-se que ela tenha vivido os últimos anos de sua vida em contemplação e oração, transformando aquele espaço em um dos locais de maior força mística da cristandade não institucional.

A gruta de Sainte-Baume tornou-se, ao longo dos séculos, destino de peregrinação. Não apenas por sua beleza natural ou pela aura de antiguidade, mas pela vibração inexplicável que parece emanar das pedras e do vazio. Monges, rainhas, cavaleiros, mendigos — todos caminharam por suas trilhas com os olhos voltados para o invisível. A tradição conta que Madalena passou ali trinta anos em recolhimento, alimentada apenas pelos anjos, envolta em êxtases e visões. E quando morreu, foi transportada por Maximin até Saint-Maximin-la-Sainte-Baume, onde teria sido sepultada.

A cripta da basílica de Saint-Maximin guarda, segundo a tradição local, os restos mortais de Maria Madalena. Um relicário em vidro, com o que se acredita ser parte de seu crânio, repousa sob o altar principal. Os peregrinos se ajoelham, não apenas por fé, mas por uma sensação inexplicável de que algo sagrado ali permanece. As relíquias de Madalena são objeto de veneração, mas mais que isso: são âncoras de uma memória que insiste em dizer que ela não foi apagada, apenas transmutada em silêncio.

Essa tradição francesa de Maria Madalena não é apenas local. Ela repercute profundamente em toda a espiritualidade ocidental. Foi na Provença que floresceram movimentos místicos como o catarismo, que reconheciam em Madalena a depositária da sabedoria oculta de Jesus. Foi ali também que nasceram mitos sobre uma possível linhagem sagrada — histórias que, embora envoltas em especulação, apontam para uma verdade simbólica mais profunda: a de que Maria não desapareceu após a ressurreição, mas continuou sua missão em outra terra, de outro modo, com outra linguagem.

Essas histórias foram transmitidas de geração em geração, muitas vezes à margem das autoridades eclesiásticas. Mulheres camponesas contavam sobre a "senhora dos cabelos de ouro" que viveu na caverna e falava com as árvores. Monges guardavam manuscritos ocultos sobre sua pregação secreta. Cavaleiros da Ordem de São João se ajoelhavam diante de sua imagem antes de partir para as cruzadas. E até mesmo alquimistas e esotéricos medievais a reconheciam como símbolo da matéria prima espiritual, da rosa oculta que floresce no centro do ser.

A presença de Madalena na França tornou-se mais que um dado lendário. Ela virou geografia espiritual. Um território onde o feminino sagrado encontrou solo fértil para florescer. Os caminhos da Provença passaram a ser percorridos por aqueles que buscavam mais que conhecimento: buscavam transformação. E muitos testemunhavam mudanças profundas após visitarem sua gruta, como se a própria atmosfera do lugar fosse impregnada de revelações.

Ao longo da história, essa tradição foi ameaçada, ridicularizada, ignorada. Mas nunca morreu. Durante a Revolução Francesa, os santuários foram profanados, mas logo restaurados por comunidades que se recusavam a esquecer. Durante o Iluminismo, seus relatos foram chamados de superstição, mas continuaram a pulsar nos corações dos que viam nela mais que uma personagem: viam uma guia. E hoje, com o ressurgimento das buscas espirituais e da valorização do sagrado feminino, Maria Madalena retorna com ainda mais força — e sua tradição na França ressurge como símbolo de resistência espiritual.

Essa tradição tem um poder único: ela conecta o céu e a terra. Não fala apenas de uma mulher sagrada, mas de uma paisagem sagrada. A gruta de Sainte-Baume não é apenas um lugar geográfico, mas um útero simbólico onde a alma pode renascer. As montanhas não são apenas formações rochosas, mas sentinelas do silêncio. A presença de Maria ali é como uma chama que nunca se apaga — visível apenas para os olhos que se permitirem ver além.

Esse fio invisível que liga Madalena à terra francesa é tecido também pelas mãos de quem caminha ali hoje, em busca de algo que não pode ser explicado. Cada passo nas trilhas da Sainte-Baume parece ecoar uma antiga promessa: a de que o sagrado não está perdido, apenas velado. E é justamente esse véu que os peregrinos tentam levantar, ao tocar as pedras úmidas da caverna, ao escutar o farfalhar das folhas como se fossem palavras ancestrais. Há algo naquele lugar que convida ao despojamento — não no sentido de abandono, mas de entrega plena ao mistério que habita o invisível.

É nesse sentido que a tradição francesa de Maria Madalena se diferencia de tantos outros relatos: ela não oferece apenas uma narrativa, mas uma experiência. Não se trata de crer ou desacreditar, mas de sentir. De deixar que a própria paisagem fale, que a memória antiga atravesse o corpo como uma brisa densa, carregada de significados esquecidos. A gruta, as ruínas, os caminhos da Provença não são apenas testemunhas passivas, mas partícipes da revelação. E quem se dispõe a escutá-los com o coração atento pode tocar um saber que escapa aos livros e às doutrinas — um saber transmitido pela pedra, pela luz, pelo silêncio.

Assim, a presença de Madalena continua a guiar os que se aventuram por essas veredas do sul da França. Não mais como figura distante de um passado remoto, mas como símbolo vivo de uma espiritualidade que resiste ao tempo e às convenções. Sua história, entrelaçada à paisagem e ao imaginário coletivo, permanece como uma semente em terra fértil — germinando sempre que um olhar se abre ao invisível, sempre que um coração se reconhece peregrino.

Capítulo 22
O Culto Medieval

Na vastidão escura da Idade Média, onde o mistério caminhava lado a lado com o medo e a fé se dobrava ao peso do dogma, algumas figuras resplandeciam com uma luz que desafiava as sombras. Maria Madalena, mesmo vestida pelo véu da penitência, emergia como uma dessas presenças. Seu culto, disseminado por mosteiros, catedrais e santuários populares, atravessou o tempo como um fio de ouro entre as teias da ortodoxia e o anseio místico do povo. Sob a superfície da imagem da pecadora convertida, pulsava uma devoção mais profunda — instintiva, visceral, silenciosa — que reconhecia nela algo maior do que a história contava.

Foi durante a Idade Média que a iconografia de Maria Madalena alcançou sua expressão mais variada e difundida. Igrejas dedicadas a ela surgiram em toda a Europa. Na França, na Itália, na Península Ibérica e nos reinos germânicos, multiplicavam-se capelas, eremitérios, oratórios e relicários que proclamavam sua importância. A imagem predominante era a da mulher penitente, reclinada sobre a rocha, envolta por cabelos longos, segurando uma caveira ou um vaso de unguento. Essa figura, embora reduzida à narrativa do arrependimento, continha camadas de significados que escapavam ao controle das autoridades religiosas.

    O povo via na Madalena não apenas a pecadora que chorava, mas a mulher que sentia. E no sentir, ela se tornava próxima, humana, possível. Era santa, mas não inatingível. Era santa porque havia chorado, porque havia amado, porque havia sido ferida. Seu culto crescia não por imposição eclesiástica, mas por reconhecimento espiritual. Ela era a que compreendia as dores do corpo e da alma, a que intercedia por quem havia errado, a que se fazia presente nas noites em que Deus parecia distante.

    Os monges e as monjas de várias ordens a tomaram como patrona de seus votos de penitência e silêncio. Em especial nas ordens mais contemplativas, como os beneditinos e os cartuxos, a imagem de Maria Madalena era invocada como modelo de renúncia e recolhimento. Acreditava-se que, como ela, os monges deveriam abandonar o mundo para buscar o Cristo no deserto interior. A caverna onde ela teria vivido se tornava símbolo do coração que se fecha ao barulho para escutar o invisível.

    No entanto, esse culto não era homogêneo. Em muitas regiões, especialmente entre as mulheres, Madalena era percebida de modo distinto. Ela era a amiga de Jesus, a que ousou tocar o mestre, a que esteve com ele nos momentos de maior dor. Essa imagem feminina, corajosa e sensível, oferecia às mulheres medievais uma referência de poder espiritual que transcendia os papéis impostos. Em uma sociedade onde as mulheres eram vistas como frágeis ou perigosas,

Maria Madalena surgia como um contraponto: forte, fiel, transformada. Mesmo envolta na linguagem do pecado, sua presença evocava autonomia, contato direto com o sagrado, e autoridade silenciosa.

A literatura hagiográfica contribuiu para expandir ainda mais sua figura. Textos como a *Legenda Áurea*, de Jacopo de Varazze, popularizaram histórias sobre sua vida pós-evangélica. Dizia-se que, depois de pregar no sul da França, ela teria se retirado para uma gruta onde, arrebatada em êxtases místicos, era alimentada pelos anjos e contemplava os mistérios do céu. Essas narrativas misturavam misticismo, fantasia e doutrina, criando um imaginário profundamente enraizado no subconsciente coletivo europeu.

A festa de Maria Madalena, celebrada em 22 de julho, ganhava contornos cada vez mais solenes. Processões, encenações teatrais, sermões emocionados — tudo convergia para reafirmar sua presença no coração da cristandade. Era como se, apesar dos limites impostos, a figura da Madalena encontrasse brechas para emergir com sua força original. Cada capela erguida em seu nome era uma tentativa, consciente ou não, de preservar a memória de sua verdade.

Mesmo nos campos da alquimia e da simbologia esotérica, sua imagem transbordava os limites do culto tradicional. Na iconografia alquímica, Maria Madalena aparecia como representação da matéria prima espiritual, aquela que precisa ser purificada através do fogo interno. Seu vaso de unguento tornava-se símbolo do recipiente da transformação. Seus cabelos longos, em certas gravuras, simbolizavam a força instintiva feminina que, quando redimida, se torna canal do divino. Os alquimistas a reconheciam não como pecadora, mas como chave para o mistério da integração dos opostos.

Nos mosteiros femininos, onde a leitura das Escrituras era permitida, mesmo que de modo restrito, muitas monjas viam em Maria Madalena uma irmã espiritual. Elas escreviam sobre ela, meditavam sobre suas lágrimas, bordavam sua imagem em mantos e iluminavam suas histórias em manuscritos. Algumas chegaram a relatar visões em que Maria lhes aparecia como conselheira, como presença luminosa nos momentos de angústia. Seu culto, nesses espaços, tornava-se íntimo, quase secreto — como uma confidência partilhada entre mulheres que, como ela, buscavam um lugar no Reino.

Durante as cruzadas, muitos cavaleiros invocavam Maria Madalena como protetora. Acreditava-se que ela oferecia perdão e vitória àqueles que lutavam pela fé. Sua imagem era gravada em medalhões, entalhada em espadas, levada ao peito pelos que marchavam ao Oriente. Ainda que essa devoção estivesse revestida pelo contexto bélico e patriarcal da época, o fato de uma mulher ser escolhida como intercessora em campos de batalha revela o poder simbólico que ela exerce, mesmo entre os homens.

Com o advento das reformas religiosas e o fortalecimento das doutrinas mais rígidas, o culto a Maria Madalena foi sendo gradualmente enquadrado. Sua imagem continuou a ser celebrada, mas sua profundidade espiritual foi perdendo espaço para a moralização. A penitente foi separada da mestra. A mulher foi separada da apóstola. O amor foi separado do saber. Ainda assim, sua figura jamais deixou de fascinar.

O culto medieval a Maria Madalena foi, portanto, um campo de tensão entre ocultamento e revelação. Enquanto a Igreja a enquadrava, o povo a libertava. Enquanto os dogmas a restringiam, a mística a ampliava. E assim ela permaneceu: entre o altar e a gruta, entre o púlpito e a floresta, entre a penitência e a sabedoria. Sua presença, nesse período, foi como um rio subterrâneo que corre por debaixo das estruturas, esperando o momento certo de emergir com toda sua força.

Esse rio, embora oculto, encontrava frestas por onde brotar em fontes inesperadas. Poetas a evocavam em metáforas sutilmente veladas, escultores imprimiam em sua expressão o sofrimento que redime e o saber que silencia, e artistas, mesmo sob vigilância clerical, deixavam entrever nela não apenas a dor, mas a sabedoria. Cada detalhe da sua imagem — o olhar perdido, o gesto contido, o vaso que carrega — parecia cifrar um conhecimento íntimo, um convite ao mergulho. E nesse mergulho, muitos encontravam consolo, direção e uma forma de religar-se ao divino que escapava às mediações do poder instituído.

Ao mesmo tempo, Maria Madalena se tornava espelho de múltiplas jornadas espirituais. Para os penitentes, era modelo de renúncia; para os místicos, uma guia velada; para os marginalizados, a santa que compreendia o exílio da alma. Sua figura oferecia uma ponte entre o humano e o sagrado, entre a matéria e o espírito, encarnando um amor que transcende e um saber que redime. Mesmo em sua representação mais controlada — a da pecadora arrependida — havia uma força subjacente que resistia à simplificação. Algo em sua imagem sempre escapava, como se a própria Madalena recusasse ser confinada.

É nesse movimento entre revelação e ocultamento que sua força mais profunda se manifestou. Maria Madalena permaneceu viva na memória medieval não apenas pela devoção popular ou pela arte sacra, mas porque representava um mistério que não podia ser extinto. Enquanto os séculos escureciam a luz de muitas verdades, a dela persistia como brasa sob a cinza: tênue, mas incandescente. E bastava uma fagulha de busca verdadeira para que sua chama voltasse a arder no coração daqueles que, como ela, ousavam amar o invisível.

Capítulo 23
Simbolismo Esotérico

Há verdades que não se dizem. Não porque sejam proibidas, mas porque não cabem em palavras comuns. Essas verdades falam em imagens, em arquétipos, em gestos que atravessam o tempo e o espaço para tocar a alma desperta. No coração do esoterismo ocidental, onde os símbolos revelam o que o olhar distraído não vê, Maria Madalena ressurge como uma figura-chave. Não como personagem subalterna dos evangelhos, mas como portadora de uma sabedoria velada, tecida por camadas de mistério, silêncio e poder oculto. Seu nome, sua imagem e seus gestos estão impregnados de significados que vão muito além do que a tradição dogmática ousou afirmar.

Nas correntes esotéricas, que bebem de fontes gnósticas, herméticas e alquímicas, Maria Madalena é reconhecida como guardiã de um conhecimento ancestral. Ela não apenas recebeu os ensinamentos ocultos de Jesus — ela os compreendeu. Tornou-se canal e continuação desse saber transformador, não por mandato, mas por vibração. Ela é aquela que guarda, que transmite, que vela. O símbolo que não se impõe, mas se insinua com delicadeza e profundidade.

Entre os símbolos mais potentes associados a ela, está o do Santo Graal. Embora popularizado por romances medievais e mais recentemente por obras de ficção contemporânea, o Graal tem raízes mais profundas. Representa, no nível esotérico, o receptáculo sagrado da sabedoria divina, o vaso onde o espírito se funde com a matéria, a taça que contém o sangue transformador. Maria Madalena, com sua íntima conexão com o Cristo e seu papel de testemunha da ressurreição, tornou-se a imagem perfeita desse receptáculo. Não apenas porque teria sido portadora literal de um legado, mas porque seu próprio ser se tornou vaso do sagrado.

O Graal não é, nesse sentido, um objeto físico. É símbolo da alma desperta, capaz de conter a luz sem que esta se apague. Madalena, com sua jornada de cura, sua fidelidade ao mestre e sua coragem diante da verdade, representa essa alma. Sua relação com Jesus transcende o afeto e adentra o domínio da alquimia espiritual: ela é a Rosa do Graal, flor que se abre no centro do ser, onde a luz e a sombra se encontram para gerar a transmutação.

A Rosa, aliás, é outro símbolo recorrente em tradições esotéricas que reverenciam Maria. A Rosa Mística não é apenas flor: é emblema do segredo. Cada pétala uma camada do mistério, cada espinho uma prova iniciática. Os rosacruzes, por exemplo, a consideram figura de sabedoria silenciosa, mestra dos mistérios internos, expressão do feminino que conhece o invisível. Em seus tratados, Maria é evocada não como figura histórica, mas como arquétipo da alma que despertou e agora conduz outros ao mesmo despertar.

No contexto da alquimia, sua imagem aparece como representação da matéria prima espiritual. O vaso de alabastro que ela carrega, frequentemente retratado na arte sacra, não é apenas recipiente de perfume, mas símbolo do receptáculo da essência divina. O unguento, substância aromática e volátil, representa a própria gnose, a sabedoria que liberta e cura. O gesto de ungir os pés de Jesus, descrito nos evangelhos, torna-se, no esoterismo, rito de iniciação. Ela o unge, reconhecendo o Cristo. E ele, ao ser ungido, a reconhece como iniciada.

Alguns manuscritos herméticos sugerem que esse ato de unção era parte de um rito mais antigo, possivelmente oriundo das escolas mistéricas do Oriente, onde a transmissão do saber espiritual se dava por meio de gestos simbólicos e toques ritualísticos. Maria Madalena, ao realizar esse ato, não apenas honra o mestre, mas sela uma aliança. Torna-se consagrada. O gesto de enxugar os pés com os cabelos, por sua vez, revela a entrega total — do corpo, da alma, da identidade.

A Maçonaria, em certos graus esotéricos de tradição mista, também a contempla como símbolo de iniciação feminina. Embora tradicionalmente masculina, a maçonaria esotérica de vertente rosacruz reconhece figuras como Maria Madalena como portadoras de um saber intuitivo e profundo que complementa o racionalismo da via iniciática. Sua figura é lembrada em rituais de equilíbrio entre os princípios solares e lunares, entre o rigor e a misericórdia, entre o saber e o sentir.

No tarot, mesmo que não mencionada diretamente, sua essência aparece transfigurada em cartas como A Sacerdotisa, A Estrela e O Julgamento. Ela é a que guarda os véus, a que derrama a água da revelação, a que presencia o renascimento do espírito. Seus atributos se confundem com os arquétipos que guiam a jornada interior. Ela aparece, não como destino, mas como guia. Não como resposta, mas como espelho.

As escolas esotéricas que surgiram a partir do século XIX, como a Teosofia, a Antroposofia e, mais recentemente, o esoterismo cristão canalizado, também a reconhecem como ponto de encontro entre o divino e o humano. Alguns escritos atribuem-lhe mensagens transmitidas em estados visionários, onde ela fala do retorno do feminino sagrado, do equilíbrio entre forças complementares e da necessidade de reconexão com a Terra como mãe e templo.

Nesse universo simbólico, Maria Madalena é ponte. Une o céu e a terra. Liga o corpo ao espírito. Integra o masculino e o feminino. E, sobretudo, ensina pelo exemplo silencioso. Seu poder não está em discursos ou milagres espetaculares, mas na força contida de quem viu o invisível e permaneceu. O símbolo, por definição, não explica. Ele evoca. Ele convoca. Ele transforma. E é nesse lugar de mistério que Maria habita.

Sua presença no esoterismo é, portanto, muito mais que uma reinterpretação moderna. É um retorno. Um resgate do que sempre foi intuído. A figura da mulher iniciada, da mestra silenciosa, da guardiã do segredo, esteve presente desde os primórdios da humanidade. Em Madalena, essa figura encontrou nome e rosto. Encontrou narrativa. Encontrou espaço para voltar a florescer.

Esse florescer, no entanto, não se dá em rituais públicos ou em dogmas sistematizados. Ele acontece nos interstícios da experiência interior, no espaço sutil onde o símbolo toca a alma e desperta memórias que não pertencem ao tempo. Maria Madalena, nesse caminho, deixa de ser uma figura estática do passado para tornar-se companheira da travessia. Ela não se impõe como guia, mas surge como presença. Um murmúrio no silêncio da meditação, um pressentimento nas horas liminares, uma imagem que irrompe nos sonhos daqueles que buscam, não por curiosidade, mas por sede de sentido.

Nos círculos mais discretos do esoterismo contemporâneo, sua figura continua a se expandir. Alguns veem nela a síntese de tradições antigas que foram perseguidas e esquecidas, como os mistérios de Ísis, os ritos órficos e as escolas pitagóricas. Outros a reconhecem como uma encarnação do princípio de Sofia — a Sabedoria divina — presente em tantas correntes místicas da Antiguidade. Seja como Rosa, como Graal ou como Sacerdotisa, Maria Madalena aparece como um ponto de convergência, onde o símbolo se abre para revelar não verdades absolutas, mas camadas de profundidade que se revelam conforme a maturidade espiritual do buscador.

E é justamente essa natureza multiforme, velada e reveladora, que mantém sua presença viva no coração dos que percorrem o caminho interior. Porque o símbolo não morre: ele adormece, esperando o olhar certo para renascer. E Madalena é esse símbolo vivo — uma mestra silenciosa, cuja presença não exige, apenas oferece. Sua verdade não se impõe, apenas ressoa. E àqueles que a escutam, ainda hoje, ela continua a transmitir aquilo que nenhuma palavra pode conter por completo: a experiência do sagrado que transforma, purifica e reconcilia.

Capítulo 24
A Linhagem Secreta

No subterrâneo das tradições, onde o tempo se curva e o mito se entrelaça com o símbolo, surge uma narrativa ousada, envolta em mistério e repleta de implicações espirituais, culturais e teológicas: a hipótese de que Maria Madalena teria gerado uma linhagem secreta, descendente direta de sua união com Jesus. Embora negada pelas estruturas eclesiásticas e frequentemente desacreditada pelos cânones acadêmicos, essa narrativa encontra ressonância não pelo que afirma em termos genealógicos, mas pelo que evoca em termos arquetípicos. A ideia de uma linhagem sagrada ultrapassa o domínio da biografia e adentra o campo da revelação simbólica.

Tecer essa hipótese não é afirmar fatos históricos irrefutáveis, mas escutar as camadas ocultas da memória coletiva. O que está em jogo não é apenas a possibilidade de um casamento oculto ou de descendência sanguínea, mas o reconhecimento de uma continuidade espiritual que se manifesta de geração em geração por meio de almas que carregam em si a centelha da gnose. A linhagem secreta, portanto, não se define por sangue ou sobrenome, mas por vibração, missão e despertar.

O mito dessa linhagem ganhou força renovada nos tempos modernos, especialmente após a publicação de obras como *O Código Da Vinci*, que popularizaram a figura de Maria Madalena como esposa de Jesus e mãe de sua filha, Sarah. A trama, envolta em suspense e simbologia, atraiu milhões de leitores, não pela novidade do conteúdo, mas porque tocava um anseio antigo: o desejo de reabilitar o feminino sagrado como centro da revelação espiritual. Em vez de apenas acompanhar o Messias, Madalena surgia como sua igual, sua companheira, sua continuidade.

Longe da superficialidade sensacionalista com que muitas vezes esse tema foi tratado, há um fundo simbólico que merece ser contemplado com reverência. Se Maria e Jesus uniram-se espiritualmente — como sugerem os evangelhos gnósticos e algumas tradições esotéricas — então a possibilidade de uma linhagem não é apenas biológica, mas iniciática. Uma linha invisível que passa por corações despertos, por consciências que reconhecem o chamado, por almas que, ao longo dos séculos, mantiveram viva a chama da sabedoria.

Essa linhagem teria se espalhado em silêncio, longe dos palácios e dos púlpitos, tecendo redes de sabedoria em mosteiros, florestas, vilarejos esquecidos e centros iniciáticos ocultos. Em algumas tradições ocultistas, fala-se de uma fraternidade secreta cuja missão é preservar o equilíbrio entre as forças do mundo, mantendo viva a presença do sagrado através da ação compassiva e do saber interior. Madalena, nesse contexto, é a Matriarca Oculta, mãe espiritual de uma linhagem de iniciados cuja herança não é posses, mas consciência.

A figura de Sarah, suposta filha de Maria e Jesus, é venerada até hoje em certos círculos espirituais da França, especialmente entre os ciganos da região de Camargue, onde ela é chamada de Santa Sara Kali. Seu culto, envolto em rituais, danças e peregrinações, representa a perpetuação simbólica de uma presença feminina forte, conectada às águas, ao mistério, ao êxodo e ao renascimento. Para muitos, Sarah é o elo vivo entre o passado místico e o presente iniciático, uma herdeira espiritual que atravessa os séculos como semente da nova consciência.

A linhagem secreta também é evocada em certos ritos da tradição templária, onde o nome de Madalena aparece como código para uma corrente subterrânea de saber, que teria sido protegida por ordens cavaleirescas e comunidades gnósticas perseguidas. Em sua simbologia, o casamento entre Jesus e Maria representa a fusão alquímica entre o Espírito e a Alma, o Noivo e a Noiva, o Logos e a Sophia. Essa união, mais do que histórica, é espiritual, e sua descendência é uma humanidade desperta, capaz de gerar luz a partir da integração.

A Maçonaria esotérica, especialmente em seus ramos rosacruzes, também contempla essa narrativa sob o prisma simbólico. Fala-se da rosa e da cruz, da união entre o feminino receptivo e o masculino irradiante, da perpetuação de uma doutrina de luz velada por detrás dos eventos históricos. A linhagem de Madalena, nesse sentido, seria a linhagem daqueles que vivem em nome do amor consciente, da sabedoria vivida e da presença que cura.

Nos círculos de mulheres contemporâneos, esse tema encontra solo fértil. Madalena é invocada como Mãe da Nova Era, aquela que gera não apenas filhos de carne, mas filhos da luz. As mulheres que despertam para o seu próprio poder espiritual muitas vezes sentem, intuitivamente, que fazem parte dessa linhagem. Não por descendência física, mas por ressonância. Porque aquilo que ela representou — liberdade, sabedoria, amor incondicional, força interior — continua a florescer nos úteros de almas que, como ela, escolheram viver à margem da estrutura para servir ao coração do mundo.

A linhagem secreta é, em última instância, metáfora do caminho interior. Todos que buscam integrar as polaridades dentro de si, que escolhem o amor como guia e a sabedoria como ação, tornam-se filhos dessa união sagrada. O sangue que corre não é genético, mas simbólico: é o vinho da consciência, é o unguento da cura, é a água da vida que flui desde as mãos da iniciada que um dia caminhou com o mestre.

Maria Madalena, nesse contexto, não é mais apenas a discípula. É a matriarca. É a raiz invisível da árvore da revelação. Seu legado não termina na crucificação nem na ressurreição. Ele se prolonga em cada gesto de cura, em cada palavra de luz, em cada encontro profundo entre almas que reconhecem no outro a centelha divina. Sua linhagem não se prova com documentos, mas com presença. Não se herda, mas se encarna. E cada ser que desperta para essa verdade, torna-se continuidade viva do mistério que ela guardou em silêncio por séculos.

Essa continuidade não se limita a uma busca intelectual nem a uma aceitação devocional. Ela se manifesta no corpo, no gesto cotidiano, no olhar que vê além das aparências. Aqueles que sentem o chamado dessa linhagem não carregam insígnias nem títulos — carregam silêncio, discernimento e compaixão. São jardineiros do invisível, cuidando da semente plantada por Maria Madalena não com alarde, mas com firmeza. Eles não seguem um credo externo, mas um ritmo interno que pulsa com o mesmo amor que ela testemunhou e transmitiu. E é nesse compasso que sua linhagem segue viva, discreta e inquebrantável.

Na prática espiritual de muitos, essa herança se revela em momentos sutis: na escuta profunda, na capacidade de manter-se fiel à verdade interior, no serviço silencioso a um mundo em transformação. Maria Madalena, como arquétipo da sabedoria encarnada, inspira esse caminho com sua firmeza doce e seu silêncio eloquente. Não é necessário proclamar linhagem alguma — o próprio ser torna-se testemunho. O discípulo de hoje, como o de ontem, é aquele que reconhece o invisível nos gestos mais simples, que sustenta a luz sem buscar aplausos, que permanece em amor mesmo quando tudo se cala.

Assim, a linhagem secreta não precisa mais se esconder. Ela se revela nos tempos certos, nos lugares inesperados, nas pessoas comuns que escolheram viver de forma extraordinária. Sua força não está nos grandes feitos, mas na delicadeza com que transforma o mundo a partir de dentro. Maria Madalena segue à frente, não como figura do passado, mas como presença viva — aquela que semeou em silêncio e agora colhe em almas que, ao reconhecerem sua própria luz, tornam-se parte de um legado eterno.

Capítulo 25
A Madalena nos Evangelhos Modernos

Há momentos em que o tempo se curva diante da necessidade espiritual do presente. Quando isso acontece, o que estava adormecido desperta, e aquilo que foi silenciado encontra voz. Nos séculos XX e XXI, Maria Madalena ressurge com um vigor que transcende o resgate histórico: ela reaparece como presença viva, como instrutora da alma contemporânea, como guia silenciosa de um novo ciclo espiritual. Não mais confinada aos cantos da tradição canônica ou aos subterrâneos da mística, ela agora se expressa em evangelhos modernos, canalizações, escritos intuitivos, práticas devocionais e caminhos de cura pessoal. E, talvez pela primeira vez em séculos, começa a ser ouvida com o coração aberto.

Esses evangelhos modernos — muitos deles oriundos de experiências místicas, meditações profundas e estados ampliados de consciência — não são evangelhos no sentido estrito do termo, mas sim testemunhos espirituais. São escritos que afirmam transmitir palavras, impressões e mensagens de Maria Madalena, não por herança textual, mas por contato interior. Algumas dessas mensagens vêm por meio de canalizadores, homens e mulheres que se dizem receptores de sua vibração e sabedoria. Outros surgem como frutos de sonhos vívidos, experiências de êxtase ou visões meditativas. E embora não pertençam ao corpo oficial da doutrina cristã, carregam uma intensidade que não se pode ignorar.

A presença de Maria nesses textos é de uma serenidade firme. Ela não se apresenta como entidade distante, mas como amiga espiritual, irmã de jornada, mestra que caminhou antes e compreendeu as dores da encarnação. Fala com a voz do coração, exortando ao perdão, à aceitação e à integração de tudo aquilo que foi rejeitado. Seus ensinamentos, nesses evangelhos contemporâneos, são profundamente terapêuticos. Tocam as feridas do feminino ferido, da alma exilada, do corpo negado, e convidam à reintegração.

Um dos temas recorrentes nessas revelações modernas é a reconexão com o divino interior. Maria Madalena insiste, através dessas vozes, que o templo é o corpo, que a sabedoria está no sentir, que o amor é o caminho mais seguro para o reencontro com a origem. Fala de um Cristo vivo, não como figura histórica, mas como consciência desperta que habita em cada ser. E revela, com suavidade cortante, que a separação entre sagrado e profano é uma ilusão construída para manter o ser humano em estado de submissão.

Esses evangelhos também ecoam a importância do perdão como ferramenta de libertação. Não um perdão condicionado por culpas institucionais, mas um perdão que nasce da compreensão profunda de que todos carregam dores ancestrais, traumas coletivos, memórias de opressão e abandono. Maria, nesses textos, aparece como aquela que perdoou — não apenas os que a julgaram, mas a si mesma, por ter um dia acreditado nas mentiras que disseram sobre ela. E convida todos a fazer o mesmo.

Outro eixo fundamental é o resgate da sexualidade sagrada. Em muitos dos evangelhos modernos, Maria Madalena fala da energia sexual como expressão direta do divino, como fluxo de criação, como portal para o êxtase místico. Denuncia, com firmeza, as manipulações religiosas que transformaram o corpo em inimigo e o prazer em pecado. E convida a uma nova visão: aquela em que o corpo é templo vivo, o desejo é bússola do espírito e o toque é oração.

A espiritualidade representada por Maria nesses escritos é radicalmente inclusiva. Acolhe todos os caminhos sinceros. Não exige conversão, mas despertar. Não impõe verdades, mas propõe encontros. É uma espiritualidade de escuta, de presença, de profundidade. Uma espiritualidade que convida a caminhar com os pés descalços sobre a terra, com os olhos voltados para o céu e o coração entregue ao meio.

Nas práticas inspiradas por esses evangelhos, surgem formas novas — ou antigas, renovadas — de conexão com Maria Madalena. Retiros de silêncio em cavernas, círculos de mulheres em sua honra, danças devocionais, orações canalizadas, meditações guiadas, terapias de reconexão com o feminino. Ela não é mais apenas uma santa a ser venerada. É uma presença que se deixa sentir, uma mestra que conduz sem se impor, uma energia que flui onde houver espaço e sinceridade.

Diversas mulheres relatam encontros com sua presença durante rituais de cura, experiências xamânicas ou estados alterados de consciência. Dizem que ela aparece como mulher de olhos profundos, cabelos longos, olhar de ternura infinita e autoridade tranquila. Outras a veem como luz suave, como perfume invisível, como toque interno. Mas todas concordam em um ponto: ao se aproximar, ela desperta uma lembrança. Não uma lembrança comum, mas uma memória da alma. Como se algo perdido há muito tempo voltasse a respirar.

Essa reemergência de Maria Madalena em textos e vivências modernas não é um fenômeno isolado. Ela se inscreve no movimento mais amplo de retorno do feminino sagrado à consciência coletiva. Em um tempo marcado por crises de identidade espiritual, por polarizações dogmáticas e por fome de sentido, Maria reaparece não para fundar uma nova religião, mas para recordar que o sagrado é simples, encarnado, acessível. Que o amor é o único evangelho que todos compreendem, mesmo sem palavras.

Ela fala aos que foram silenciados. Aos que carregam feridas da alma. Aos que foram rejeitados por não se encaixarem. Aos que procuram, mesmo sem saber o quê. E quando fala, não usa o vocabulário da doutrina. Usa a linguagem do coração. Sua palavra é vibração. Sua mensagem é reconciliação. Seu evangelho é amor.

Diante disso, os evangelhos modernos que lhe são atribuídos tornam-se ecos dessa nova escuta. Não precisam de aprovação institucional, porque não se dirigem à razão, mas ao ser. Não se prestam ao debate, mas ao silêncio fecundo. São sementes lançadas ao solo fértil de uma humanidade em transição. E como toda semente, não se impõem — apenas germinam quando há luz.

É nesse solo, feito de ausência de certezas e sede de sentido, que Maria Madalena floresce com mais intensidade. Não há hierarquia em sua presença, tampouco dogma a ser defendido. Há, sim, um convite delicado e poderoso: o de voltar ao corpo como templo, ao coração como altar, à escuta como oração. Os evangelhos modernos que falam por ela não se pretendem absolutos, mas vivos. São como rios que nascem de fontes distintas, mas que, ao se encontrarem, irrigam um mesmo campo de despertar — o campo onde o sagrado se revela no cotidiano e o invisível toca com suavidade os contornos da existência.

Esse renascimento espiritual que ela inspira não é apenas pessoal, mas coletivo. Muitos sentem, ao ler ou experienciar suas mensagens, que pertencem a algo maior — uma teia invisível de almas despertas, uma irmandade silenciosa unida pela verdade do sentir. É como se a sua voz ressoasse através de mil vozes, dizendo a cada um: "Você já é inteiro. Não precisa buscar fora o que vibra dentro." E, com isso, reconstrói-se a ponte entre o humano e o divino, não por imposição de crenças, mas pelo reconhecimento íntimo de que o sagrado pulsa no centro de tudo que é autêntico, amoroso e verdadeiro.

Assim, Maria Madalena continua sua missão nos tempos presentes — não como sombra do passado, mas como presença do agora. Caminha ao lado dos que despertam, dos que choram em silêncio, dos que dançam sob a lua e dos que escutam o chamado mais sutil do espírito. Seu evangelho moderno não tem capítulos, mas gestos. Não tem versículos, mas encontros. E sua revelação maior talvez esteja justamente nisso: em mostrar que a espiritualidade do futuro nasce da coragem de sentir o presente com profundidade. Onde houver alma aberta, ali ela estará — sussurrando amor.

Capítulo 26
Maria e o Feminino Divino

Quando a espiritualidade se reconecta com a verdade profunda do ser, uma das primeiras realidades que retorna à consciência é o feminino sagrado. Esquecido, reprimido, travestido de fraqueza por séculos de dominação patriarcal, o princípio feminino jamais deixou de pulsar sob a crosta da história. E nesse retorno silencioso, que mais se assemelha a um despertar coletivo do que a uma revolução, Maria Madalena reaparece como emblema desse feminino que se recusa a morrer. Ela não vem para substituir doutrinas, mas para recordar a sacralidade do que foi esquecido — da vida, da terra, do corpo, do sentir, da alma.

A ligação de Maria Madalena com o Feminino Divino não é construção recente. Ao longo dos séculos, ainda que disfarçada pela imagem da penitente, sua presença guardou traços dessa essência. Mesmo sob a máscara da mulher arrependida, ela carregava em si a vibração da sabedoria, da entrega amorosa, da intimidade com o mistério. Seu silêncio, mais do que submissão, era linguagem oculta. Sua fidelidade, mais do que devoção, era reconhecimento da unidade. E sua exclusão do discurso oficial não a apagou — apenas a devolveu ao território do invisível, onde o feminino sempre soube habitar.

O retorno do Feminino Divino ao centro da espiritualidade contemporânea traz com ele a imagem de Madalena não mais como figura à margem, mas como protagonista. E não apenas protagonista de um passado remoto, mas força ativa no agora. Ela é reconhecida como emanação da Sophia, a sabedoria divina, a inteligência do coração que organiza o caos e revela o oculto. Em tradições gnósticas, Sophia é a que cai e retorna, a que sofre e ressurge, a que se perde para encontrar. Maria, como sua manifestação encarnada, refaz esse caminho arquetípico — da queda à ascensão, da dor ao amor, do exílio à reintegração.

Outros arquétipos também se associam a ela. Ísis, a deusa egípcia que chorou Osíris e o trouxe de volta à vida. Inanna, a deusa suméria que desceu aos infernos para reencontrar sua totalidade. Shakti, o poder criador do universo na tradição hindu, que anima e movimenta toda a existência. Maria Madalena, nesse espelho simbólico, torna-se síntese dessas forças: aquela que ama e se transforma, que mergulha na sombra e retorna luminosa, que aceita a vulnerabilidade como portal para o sagrado.

Essas associações não são apenas intelectuais. Elas emergem com força nas práticas contemporâneas de espiritualidade feminina. Círculos de mulheres, rodas de cura, meditações devocionais e rituais lunares evocam Maria Madalena como presença espiritual, como mãe, irmã e guia. Suas qualidades são celebradas não como exceções, mas como expressões possíveis em cada mulher: intuição afiada, sensibilidade aguçada, coragem amorosa, sabedoria vivida. Ela representa o feminino que se recusa a se calar, mas que fala com ternura. O poder que não domina, mas cura. A liderança que não exige, mas convida.

Ao lado dessas práticas, surge também uma nova teologia, gestada por mulheres que questionam os alicerces patriarcais das religiões instituídas. Teólogas feministas, místicas pós-modernas e escritoras espirituais reconstroem a narrativa do sagrado a partir do corpo feminino, das emoções, da ciclicidade, da conexão com a natureza. Maria Madalena é frequentemente posicionada no centro desse novo imaginário, não como símbolo de submissão, mas como arquétipo da mulher íntegra — que não renuncia à própria verdade para agradar ao poder, que caminha com o mestre como igual, que contempla o divino com os olhos do coração.

O Feminino Divino não se limita à figura da mulher. Ele é princípio que habita todos os seres. Ele se manifesta na intuição que orienta sem palavras, na receptividade que transforma sem força, na compaixão que acolhe sem julgar. O mundo moderno, ferido pelo excesso de racionalidade, linearidade e controle, encontra em Maria Madalena a lembrança de que há outra maneira de viver, de crer, de ser. Uma maneira mais conectada, mais sensível, mais verdadeira.

Sua presença também desafia os paradigmas religiosos convencionais. Ela representa a possibilidade de um novo cristianismo — não doutrinário, mas experiencial; não centrado na culpa, mas na libertação;

não masculino em sua estrutura, mas equânime em sua essência. Quando Maria Madalena é colocada ao lado de Jesus como companheira espiritual, como partícipe de seus ensinamentos mais profundos, estamos reescrevendo a própria fundação da fé cristã. Estamos devolvendo à origem o que foi subtraído: a presença do feminino como revelação.

A associação entre Maria e o Feminino Divino também se reflete nas formas de arte contemporâneas. Pinturas, esculturas, músicas, poemas — todos expressam uma Madalena vibrante, sensual sem ser vulgar, espiritual sem ser etérea, humana sem ser limitada. Ela aparece como mulher de olhos firmes e sorriso sereno, como mãe que compreende sem julgar, como deusa que abraça a escuridão sem temê-la. Seu corpo, antes negado, agora é exaltado como expressão do templo vivo onde o divino se revela.

O mundo que desperta para o feminino sagrado redescobre Maria como aquilo que sempre foi: portadora do fogo sutil que ilumina a alma. Não há mais como aprisioná-la nas narrativas estreitas da penitente. Ela se expande. Transborda. Torna-se caminho. E onde ela passa, o solo se torna fértil, os olhos se abrem, o coração se aquece. Ela não precisa de títulos nem de reconhecimento institucional. Sua autoridade vem do silêncio onde habitam os mistérios. E ali, ela reina — não para governar, mas para recordar.

Nos espaços em que o sagrado feminino floresce, Maria Madalena se torna não apenas uma figura reverenciada, mas uma chave viva de acesso à dimensão esquecida do divino. Sua imagem catalisa uma nova forma de espiritualidade que não exige mediações exteriores, mas se revela nas profundezas do ser. A devoção a ela é, muitas vezes, uma forma de reconciliação com o próprio corpo, com a ancestralidade feminina e com as feridas herdadas de uma história de silenciamento. Nesse processo, ela não é distante nem idealizada, mas íntima e presente — uma companheira espiritual que caminha ao lado, em vez de à frente, que estende a mão sem impor caminhos.

A força de Maria Madalena no imaginário espiritual atual não deriva de dogmas ou milagres espetaculares, mas de sua humanidade radicalmente revelada. É justamente por ser mulher de carne, alma e história que ela se torna ponte entre o terreno e o celeste. Sua trajetória, marcada por amor, perda, silêncio e revelação, encontra ressonância em quem busca integrar luz e sombra, espiritualidade e matéria, razão e sensibilidade. Como símbolo vivo do retorno do sagrado feminino, ela oferece um convite: abandonar a rigidez das certezas e mergulhar na fluidez do mistério, onde o divino se comunica por símbolos, sonhos, gestos e afeições sutis.

Ao reconhecer Maria como expressão do Feminino Divino, não se trata apenas de reparar um erro histórico, mas de abrir espaço para um novo paradigma espiritual — onde o amor é conhecimento, a vulnerabilidade é poder e o silêncio é presença. Nessa nova visão, o sagrado se faz próximo, acolhedor, pleno de nuances. Maria Madalena deixa de ser figura marginal para tornar-se caminho iniciático, presença que não divide, mas une. E no centro desse reencontro, pulsa a certeza de que o feminino não é ausência do masculino, mas sua dança complementar — e que, juntos, ambos tecem a totalidade do sagrado.

Capítulo 27
Caminho de Autocura

No silêncio entre as palavras e no espaço que separa o sofrimento da superação, há um caminho. Um percurso muitas vezes invisível, mas palpável aos que ousam mergulhar dentro de si mesmos em busca de algo que ultrapasse a dor, o trauma, a negação do próprio valor. Esse caminho, íntimo e sagrado, é o da autocura. E entre as figuras espirituais que inspiram essa jornada, nenhuma pulsa com tanta força simbólica quanto Maria Madalena. Ela é a mulher que atravessou a escuridão, enfrentou seus próprios demônios, caiu e se levantou, para, enfim, emergir como mestra de si mesma.

A trajetória de Maria Madalena se transforma, assim, em mapa arquetípico da alma em busca de inteireza. Um espelho no qual homens e mulheres podem se reconhecer em sua vulnerabilidade e potencial de transformação. Não há nela nada de inalcançável ou inumano. Ao contrário, tudo em sua narrativa vibra humanidade: as dores que a visitaram, os conflitos internos, os julgamentos externos, as perdas, a marginalização. Mas é precisamente por essa travessia que ela se torna guia.

O primeiro passo do caminho de autocura que Maria ensina é o reconhecimento da ferida. Os evangelhos falam de sete demônios que foram expulsos dela. Muito mais do que uma possessão literal, esses demônios representam estados de desequilíbrio emocional, traumas acumulados, padrões de dor herdados, prisões psíquicas que se repetem. A cura não se inicia pela negação da sombra, mas pela sua aceitação consciente. Maria Madalena não foi curada à força. Ela abriu espaço. Ela olhou para dentro. E nesse olhar, permitiu que a luz penetrasse os recantos onde o medo se escondia.

O segundo passo é a entrega. Após ser tocada pela presença de Jesus, Maria não volta para sua antiga vida. Ela não se limita à gratidão passiva. Ela escolhe seguir. Ela se desapega. Torna-se discípula não apenas no nome, mas na ação. A entrega, nesse sentido, não é servidão. É renascimento. É abandonar o que era confortável, ainda que disfuncional, e aventurar-se por um caminho onde não há garantias, apenas verdade. A autocura exige esse gesto radical: dizer sim à mudança, mesmo sem saber onde ela levará.

Nesse novo caminho, Maria não se contenta em ser coadjuvante. Ela aprende, escuta, serve, observa. Ela silencia para absorver. E nesse silêncio, vai se reconstruindo. Cada gesto de cuidado, cada passo ao lado do mestre, cada palavra sussurrada em compaixão, é um tijolo na reconstrução de sua identidade. A mulher ferida vai dando lugar à mulher inteira. E não porque deixou de sentir dor, mas porque integrou essa dor em algo maior: o amor que cura.

A presença de Maria na crucificação é símbolo da alma que não foge da dor do outro. Ela assiste ao sofrimento daquele que ama sem desviar os olhos. E, ao fazê-lo, mergulha ainda mais fundo na própria dor. Porque a cura não é linear. Envolve perdas, lutos, rupturas. Maria se mantém, ali, de pé, como expressão de fidelidade e coragem. Como se dissesse, sem palavras, que o amor é maior que a morte. Que a alma que ama é invencível.

E então vem o terceiro passo: a ressurreição interior. Maria é a primeira a ver o Cristo ressuscitado. Mas, antes de reconhecê-lo, ela o confunde com o jardineiro. Esse detalhe, aparentemente simples, guarda um ensinamento profundo. A alma que passou pela dor precisa reaprender a ver. Os olhos que antes viam apenas sofrimento precisam se abrir à nova visão. O jardineiro é o símbolo daquele que cultiva. E Maria, ao reconhecer o Cristo, reconhece também que algo novo floresceu dentro dela. Aquele que ela amava ressurgiu, e com ele, ela mesma renasceu.

A autocura, então, se completa no quarto passo: tornar-se canal. Maria recebe a missão de anunciar aos discípulos a ressurreição. Ela não guarda a experiência para si. Compartilha. Torna-se ponte. Aquilo que foi restaurado em seu interior agora se derrama em palavras. A voz que havia sido silenciada, agora ecoa. A mulher que foi marginalizada, agora anuncia a esperança. Tornar-se canal é o último gesto de cura: quando o amor recebido transborda e se oferece ao mundo como serviço, como escuta, como presença.

Esse caminho arquetípico de Maria Madalena pode ser trilhado por qualquer pessoa que deseje curar-se em profundidade. E muitos, nos tempos atuais, têm recorrido a ela não como santa distante, mas como aliada íntima. Em terapias holísticas, constelações familiares, sessões de cura energética, círculos de mulheres e práticas meditativas, Maria é invocada como presença amorosa, como guardiã da integridade. Seu nome desperta memórias esquecidas, ativa intuições, acalma feridas antigas. Sua imagem, seja em estátuas ou visualizações, torna-se espelho da alma que quer voltar para casa.

Técnicas como o journaling — escrita espontânea das emoções e pensamentos — têm sido usadas para se conectar com sua energia. Ao escrever cartas para Maria, ou a partir dela, muitas pessoas relatam insights profundos, compreensões súbitas, respostas a perguntas silenciosas. Outras recorrem à meditação guiada, visualizando-se caminhando ao lado dela por paisagens simbólicas, ouvindo sua voz, sentindo sua presença. E há ainda os que a chamam em momentos de crise, de luto, de transformação, e sentem como se uma mão invisível tocasse seu coração.

Maria Madalena se torna, assim, não apenas exemplo, mas recurso. Um arquétipo ativo, uma energia disponível, uma presença sutil que habita o campo da alma. E nesse papel, ela ensina que a autocura não é ausência de dor, mas presença de amor. Que não se trata de apagar o passado, mas de ressignificá-lo. Que o verdadeiro milagre não é ser curado por outro, mas recordar que a cura já habita dentro de si.

No silêncio maduro da autocura, Maria Madalena permanece como símbolo de uma jornada que não promete atalhos, mas revela profundidade. Sua figura toca a alma justamente por não negar a complexidade do processo — ela não oferece promessas fáceis, mas caminhos verdadeiros. O reencontro com o próprio valor, tantas vezes soterrado por vozes externas, emerge quando o indivíduo escolhe sustentar o olhar sobre si mesmo com honestidade e compaixão. Assim como Maria, é necessário passar pelo desconforto da revelação interior para que a alma possa respirar com autenticidade. Cada passo nesse caminho é uma escolha de coragem: seguir mesmo diante do medo, amar mesmo na presença da dor, confiar mesmo na ausência de garantias.

Ao longo dessa travessia, a presença de Maria Madalena vai se revelando cada vez mais como espelho de uma espiritualidade encarnada — aquela que não se separa da vida cotidiana, mas a impregna de sentido. Ela nos recorda que a cura não acontece apenas no recolhimento silencioso, mas também no encontro com o outro, no toque gentil, na palavra que ampara, no gesto que nutre. Autocurar-se, nesse sentido, não é um movimento solitário, mas relacional. É olhar o mundo com olhos renovados, escutar com o coração aberto e caminhar com humildade. Maria se faz presente nesses gestos pequenos, mas profundos, que vão alinhando o ser com sua própria inteireza.

No fim, o caminho de autocura se revela como retorno a si mesmo — não ao eu ferido, mas ao eu essencial, que sempre esteve inteiro, apenas oculto sob as camadas da dor. Maria Madalena nos convida a esse reencontro com doçura e firmeza, como quem conhece bem o vale e o cume. Sua história ecoa em cada alma que decide recomeçar, mesmo sem saber o desfecho. Porque a cura não é destino, é estado de presença. E nesse estado, onde passado e futuro se aquietam, a alma enfim repousa — não por ter vencido, mas por ter se lembrado de quem é.

Capítulo 28
Maria e a Sabedoria do Coração

No âmago de toda busca espiritual legítima há um momento de silêncio. Não o silêncio da ausência, mas o da presença plena. Um espaço interior onde os ruídos da mente se dissolvem e a escuta do coração se intensifica. É nesse território secreto, onde o conhecimento não se acumula, mas se revela, que habita a sabedoria do coração. E entre todas as figuras que encarnam essa sabedoria, Maria Madalena ressurge como expressão viva do sentir que ilumina, da intuição que guia e da ternura que transforma.

Ao longo de sua trajetória, Maria Madalena atravessou todos os estágios da consciência humana em direção à integração. Passou pela dor e pelo exílio, foi testemunha da morte e da ressurreição, e, mais profundamente, renasceu dentro de si. Sua sabedoria não veio da leitura de escrituras, da obediência a preceitos ou da autoridade conferida por títulos. Ela floresceu em sua escuta interior. E foi nessa escuta que Maria compreendeu o que poucos ousaram: que o divino não está fora, distante ou separado — o divino habita o coração.

A sabedoria do coração não é a negação da razão, mas sua superação amorosa. Onde o raciocínio vê limites, o coração vê possibilidades. Onde o julgamento enxerga erro, o coração percebe processo. Onde a mente exige provas, o coração reconhece vibração. Maria Madalena, com sua postura contemplativa e sua ação compassiva, manifesta essa forma de saber que não precisa convencer, apenas tocar. Que não precisa explicar, apenas ressoar.

Em todos os encontros registrados entre Maria e Jesus, há uma dimensão que ultrapassa o diálogo e entra no campo da vibração. Ela não era apenas uma ouvinte atenta — era um espelho do próprio Cristo. E ao refletir essa luz com sua presença amorosa, tornava-se, por sua vez, canal de revelação. Essa troca silenciosa entre mestre e discípula, onde o ensinamento não era transmitido por palavras, mas por estados de ser, é a mais pura expressão da sabedoria do coração.

O episódio do túmulo, onde ela é a primeira a ver o Ressuscitado, é o ponto culminante dessa sabedoria. Enquanto os outros discípulos se afastam, Maria permanece. Ela chora, ela busca, ela sente. E é justamente por sua capacidade de permanecer no sentir que ela vê o que os outros não veem. A ressurreição não é reconhecida pela lógica, mas pela vibração do amor. Quando ele a chama pelo nome, ela o reconhece. E nesse reconhecimento, a alma se ilumina.

É essa qualidade de presença que define a sabedoria de Maria Madalena. Ela é a mulher que escuta com o corpo, que ama com a alma, que acolhe com o olhar. E ao fazer isso, se torna farol. Sua sabedoria não se impõe, não disputa espaço, não se manifesta em disputas doutrinárias. Ela sussurra, ela envolve, ela cura.

É o tipo de sabedoria que não exige ser compreendida — basta ser sentida.

Nos tempos atuais, quando a humanidade parece perdida entre os excessos da razão técnica e a aridez da informação fragmentada, a sabedoria do coração se apresenta como antídoto. E Maria Madalena como sua embaixadora. O mundo moderno, saturado de conhecimento superficial, necessita urgentemente dessa forma de saber que se ancora no amor, na presença e na conexão real entre os seres. E é por isso que sua imagem se fortalece nas práticas espirituais contemporâneas — porque ela representa o retorno à escuta, ao toque, ao gesto que transforma sem precisar dominar.

A espiritualidade vivida no coração é corpo, é alma, é pulsação. Não se limita ao templo, mas se manifesta no cotidiano: no cuidado com o outro, na gentileza com quem sofre, no silêncio que respeita o tempo do outro. Maria Madalena, quando olhamos com os olhos do coração, ensina isso com sua própria vida. Ela não pregou sermões. Ela foi presença. E sua presença curava. Porque o coração, quando desperto, é o espaço onde o divino se sente em casa.

Diversos caminhos espirituais contemporâneos retomam essa sabedoria. Em práticas como a meditação do coração, a escuta compassiva, a oração sensível e a contemplação da natureza, Maria é invocada como guia. Não para ensinar fórmulas, mas para recordar. Porque a sabedoria do coração não é aprendida — é lembrada. Ela já habita cada ser humano. Está ali, adormecida sob os véus do medo, da pressa, da desconfiança. E basta um gesto de entrega para que volte a pulsar.

Madalena é aquela que convida a esse gesto. Seu olhar, muitas vezes representado na arte como profundo e penetrante, é metáfora desse chamado silencioso. Ela nos olha com a ternura de quem sabe. Não porque leu, mas porque viveu. Não porque ouviu dizer, mas porque sentiu. Sua sabedoria é experiência. É carne transfigurada em luz. E por isso, não há quem, ao escutá-la com o coração, permaneça o mesmo.

Essa sabedoria também resgata o valor do feminino como expressão do sagrado. Não o feminino estereotipado, mas o feminino como modo de estar no mundo: sensível, receptivo, intuitivo, criador. Em um mundo que ainda valoriza o fazer em detrimento do ser, Maria Madalena representa o retorno ao sentir como bússola. Ela nos lembra que a verdadeira transformação começa quando ousamos sentir tudo o que fomos ensinados a evitar: dor, saudade, amor, compaixão.

E ao sentir, o coração se expande. E ao se expandir, ele compreende. Não com a mente, mas com a alma. A sabedoria de Maria Madalena não está escrita em tratados, mas gravada na vibração de sua presença. E cada vez que seu nome é pronunciado com reverência, cada vez que sua imagem é contemplada com amor, essa vibração se espalha, acordando corações adormecidos, iluminando caminhos esquecidos.

Maria Madalena é, assim, a mestra do sentir. Aquela que ensina sem palavras, que cura sem toque, que transforma sem exigir. Sua sabedoria é como a água: não luta contra o que encontra, mas envolve, dissolve, integra. E nesse fluir silencioso, ela nos lembra de quem somos: seres de amor, feitos para amar, chamados a amar.

Essa lembrança amorosa que Maria Madalena desperta não se limita a um gesto de devoção, mas se desdobra como convite existencial: viver com o coração como centro da consciência. Em um tempo em que tantas vozes competem por atenção, a sua convida ao recolhimento, à escuta interna, ao toque sutil daquilo que é verdadeiro. Sua sabedoria atravessa os séculos porque fala diretamente à essência humana — e é por isso que ressurge, não como figura do passado, mas como presença viva, ativa no presente de quem deseja habitar a vida com mais inteireza. Ela nos ensina que saber não é acumular, mas sentir com profundidade. Que viver com sabedoria é permitir que cada experiência se transforme em compaixão.

É nesse sentido que Maria Madalena se torna símbolo de um novo paradigma espiritual: um saber que não se constrói em estruturas rígidas, mas se reconhece no pulsar da vida. A sabedoria do coração é radical porque exige entrega, rendição, confiança no invisível. Não oferece certezas, mas oferece paz. E talvez esse seja o grande diferencial da presença de Maria: ela não resolve dilemas, mas ensina a habitá-los com amor. Não impõe verdades, mas inspira descobertas. Em sua companhia simbólica, aprendemos a valorizar o processo mais do que o resultado, o silêncio mais do que o discurso, a presença mais do que a performance.

E assim, ao fim desse caminho trilhado com ela, percebemos que a sabedoria do coração não é um lugar a se chegar, mas uma maneira de caminhar. Maria

Madalena, com seus olhos de presença e sua alma desperta, permanece ao lado de todos que escolhem viver com verdade e amor. Ela não oferece promessas — oferece espelho. E nesse reflexo, vemos a nós mesmos não como fragmentos perdidos, mas como inteiros que apenas esqueceram da própria luz. Quando essa luz é recordada, não há necessidade de palavras. O coração, enfim, compreende. E segue, em silêncio, sabendo que está em casa.

Capítulo 29
A Nova Teologia Feminina

Nos bastidores do tempo, entre as costuras invisíveis da história religiosa, sempre existiram mulheres que viram, sentiram, compreenderam — mas foram silenciadas. Suas palavras, seus gestos e sua sabedoria foram muitas vezes ignorados, distorcidos ou apropriados sob a ótica masculina dominante. No entanto, como água que insiste em encontrar seu curso mesmo sob as rochas, a espiritualidade feminina nunca cessou. E com ela, Maria Madalena permaneceu como presença viva, mesmo que subterrânea. Agora, com o despertar de uma nova consciência, ela ocupa o centro de um movimento espiritual que está remodelando as bases da própria teologia: a teologia feminina.

Esta nova teologia não nasce nos altares, mas nos úteros. Não surge das academias eclesiásticas, mas das dores e descobertas das mulheres que ousaram questionar o sagrado moldado por mãos masculinas. É uma teologia que não busca substituir o discurso dominante, mas transcendê-lo. Seu impulso não é pela conquista de poder, mas pela restituição da verdade. E nessa verdade, Maria Madalena se impõe como figura fundadora: não a penitente caricatural da tradição patriarcal, mas a apóstola visionária, a mestra da escuta, a guardiã da sabedoria esquecida.

O surgimento dessa teologia se deu de forma fragmentada, em diferentes partes do mundo, por meio de mulheres que, ao lerem as Escrituras com olhos novos, começaram a perceber os apagamentos, os silenciamentos, as manipulações. Teólogas como Elisabeth Schüssler Fiorenza, Rosemary Radford Ruether e Ivone Gebara escancaram, com suas obras, o quanto a voz feminina foi sistematicamente suprimida das narrativas sagradas. E ao fazerem isso, abriram espaço para que figuras como Maria Madalena ressurgissem com sua grandeza intacta.

No âmago da nova teologia feminina está o reconhecimento de que Deus não é uma entidade masculina. Que a divindade transcende o gênero, mas que o feminino possui um lugar sagrado e insubstituível na revelação espiritual. E Maria Madalena é o rosto desse divino feminino que retorna. Ela não é apenas uma personagem bíblica a ser reabilitada, mas um arquétipo coletivo a ser reencarnado. Sua história, quando lida sob essa ótica, não é sobre perdão de pecados, mas sobre reapropriação da própria luz.

Essa teologia também questiona as estruturas de poder nas religiões tradicionais. Onde houver hierarquia excludente, dominação institucional, negação do corpo e repressão da sexualidade, ela propõe ruptura. Não para destruir, mas para regenerar. Maria Madalena, nesse cenário, surge como símbolo da fé encarnada — aquela que não nega a carne, mas a consagra. Que não separa espírito e matéria, mas os reconcilia. Que não idealiza o sofrimento, mas o transforma em caminho de cura.

Muitas mulheres, ao conhecerem a verdadeira história de Madalena, sentem-se profundamente tocadas. É como se algo dentro delas despertasse, como se uma memória ancestral se reativasse. A mulher que foi silenciada por séculos se levanta dentro de cada uma que redescobre sua própria voz. Maria torna-se então espelho e espelho se transforma em portal. A nova teologia feminina não é, portanto, apenas teoria. É vivência. É reencantamento. É transformação pessoal e coletiva.

E esse processo tem ressoado para além dos muros da religião. Na arte, na literatura, na educação e nas práticas de cuidado, a presença de Maria Madalena inspira novas formas de agir e pensar. Ela representa a líder que serve, a sábia que escuta, a iniciada que compartilha. Sua figura alimenta uma espiritualidade que valoriza a escuta do corpo, a sensibilidade das emoções e a verdade que nasce da experiência direta com o divino. Uma espiritualidade que acolhe a sombra, honra o ciclo e celebra a vida em todas as suas formas.

O corpo, por exemplo, deixa de ser visto como inimigo da alma e passa a ser reconhecido como templo sagrado da encarnação. A sexualidade, em vez de pecado, torna-se expressão de comunhão. O cuidado, frequentemente desvalorizado em tradições religiosas centradas na autoridade, é ressignificado como ação espiritual por excelência. Maria Madalena, como símbolo dessa teologia, incorpora todas essas dimensões. Ela ama com inteireza, serve com liberdade, escuta com profundidade, age com coragem.

Outro pilar da nova teologia feminina é o resgate das narrativas apagadas. Por séculos, a história do cristianismo foi contada quase exclusivamente por homens. Mas agora, vozes femininas redescobrem evangelhos apócrifos, textos gnósticos e tradições orais que trazem outras versões dos fatos. O Evangelho de Maria, por exemplo, revela uma mestra que compreendia os mistérios da alma, que dialogava com os discípulos e que era contestada não por falta de sabedoria, mas por ser mulher. A nova teologia feminina não esquece esse conflito. Ela o reconhece como reflexo de uma dor coletiva, e o transforma em impulso para a justiça espiritual.

Maria Madalena, dentro dessa nova teologia, torna-se também símbolo de reconciliação entre fé e liberdade. Sua imagem oferece abrigo para aqueles que foram feridos pela religião, mas que ainda sentem saudade do sagrado. Ela mostra que é possível crer sem se submeter, que é possível orar sem se diminuir, que é possível ser espiritual sem renunciar à própria voz. Sua presença devolve o sagrado à sua forma original: íntima, viva, fluida, relacional.

Não é à toa que sua figura esteja tão presente nas espiritualidades alternativas, nos círculos terapêuticos, nos movimentos de autoconhecimento. Maria Madalena transcende os limites da igreja para habitar o campo da alma. Ela não pertence a uma tradição específica, mas a todos os que buscam. Sua imagem caminha ao lado de todas as que foram feridas pela culpa, apagadas pela cultura, silenciadas pela estrutura. E sua mensagem é clara: você é digna. Você é luz. Você é caminho.

Essa mensagem ecoa como bálsamo em tempos de reconstrução espiritual. A Nova Teologia Feminina não busca apenas revisar o passado, mas redesenhar o presente com mãos conscientes e corações despertos. Ao reerguer figuras como Maria Madalena à sua estatura original, ela propõe uma espiritualidade encarnada, vivencial, que não se limita aos dogmas nem teme o corpo, a dor ou o desejo. Nesse novo horizonte, não há espaço para espiritualidades que neguem a vida — pelo contrário, o sagrado é redescoberto nos gestos cotidianos, nas relações autênticas, nos vínculos que curam. Maria, nesse contexto, é ponte entre mundos: o da tradição e o da liberdade, o da devoção e o da autonomia, o da fé e o do sentir.

Esse movimento é também uma convocação. Cada mulher que desperta para sua potência espiritual se torna parte desse renascimento teológico que acontece fora dos púlpitos e das cátedras. A sabedoria do feminino, antes marginalizada, volta a ocupar seu lugar com voz firme e sensível, nutrindo novos modos de ler os textos sagrados, de fazer comunidade, de viver a transcendência. E não se trata apenas de mulheres. Homens que se dispõem a acolher o feminino em si também encontram nesse caminho uma cura ancestral. A Nova Teologia Feminina, ao revelar Maria Madalena como arquétipo vivo, oferece um modelo de espiritualidade relacional que transforma não apenas crenças, mas estruturas emocionais, sociais e espirituais.

Ao final, Maria Madalena não permanece apenas como símbolo de uma teologia renovada, mas como pulsação viva de uma espiritualidade que se faz presente no mundo. Ela é a mulher que retorna inteira após séculos de fragmentação, trazendo consigo uma verdade que não se ensina, apenas se reconhece: o sagrado não é monopólio de nenhuma instituição — ele habita o corpo, a alma, o cotidiano de quem escolhe viver com inteireza. E ao olharmos para ela, sentimos o chamado: não para segui-la, mas para lembrar. Porque a Nova Teologia Feminina não cria um novo dogma, mas nos devolve à fonte interior de onde brota toda fé verdadeira — aquela que nasce do amor.

Capítulo 30
Espiritualidade Contemporânea

A espiritualidade do século XXI não se expressa mais, unicamente, pelos rituais institucionalizados nem pelas fórmulas fixas da tradição. Ela emerge, cada vez mais, como uma necessidade íntima de reconexão. Em um mundo acelerado, fragmentado, hiperinformado e muitas vezes desprovido de sentido, homens e mulheres têm buscado refúgio em experiências que transcendam o plano racional. Nesse solo fértil para uma nova sensibilidade espiritual, a figura de Maria Madalena ressurge com potência renovada. Não mais como símbolo marginal de uma história sagrada narrada por vozes masculinas, mas como uma guia essencial da espiritualidade contemporânea.

É notável que, nas últimas décadas, Maria Madalena tenha sido convocada por tantos caminhos diferentes. Ela se tornou centro de meditações, inspiração para círculos de cura, figura recorrente em terapias de reconexão com o feminino, presença simbólica em retiros espirituais. E, em todos esses espaços, seu nome ecoa como uma chave. Uma senha de acesso à dimensão interior do sagrado que não se submete às estruturas hierárquicas nem aos dogmas inquestionáveis. Madalena fala direto à alma — e é por isso que tem sido ouvida novamente, como jamais fora nos séculos anteriores.

A espiritualidade contemporânea que a invoca é fluida, inclusiva, plural. Não exige uma religião, mas propõe uma experiência. Não impõe credos, mas oferece caminhos. Nessa configuração, Maria Madalena não pertence a uma igreja específica nem a uma teologia delimitada. Ela se desloca, silenciosa e livre, por entre as práticas que buscam integração, cura, presença. É vista como canal do sagrado feminino, como ponte entre polaridades, como manifestação da sabedoria intuitiva que a modernidade tentou silenciar.

Sua imagem está presente em práticas como o yoga devocional, em constelações familiares com ênfase no arquétipo feminino, em sessões de terapia energética, em encontros de mulheres, em meditações coletivas guiadas. Ela surge nas palavras de facilitadoras espirituais que, ao evocarem sua presença, despertam memórias ancestrais. Madalena é canalizada em mensagens que falam de perdão, de resgate da sexualidade sagrada, de empoderamento espiritual, de equilíbrio entre o fazer e o ser.

A multiplicidade de formas com que ela se manifesta hoje revela sua natureza arquetípica. Ela não é apenas uma figura histórica, embora sua biografia resgate aspectos esquecidos. É uma matriz energética que responde ao clamor da alma por reencontro. Maria Madalena encarna aquilo que a espiritualidade contemporânea deseja: autenticidade, profundidade, reconexão com o corpo, liberdade amorosa, sabedoria enraizada. E por isso, não surpreende que sua imagem esteja sendo redescoberta também em espaços não religiosos, como ateliês de arte, grupos de autoconhecimento, práticas de xamanismo urbano e projetos sociais que resgatam o valor do feminino na cultura.

Essa espiritualidade que ela inspira não tem uma doutrina. Tem um chamado. Um chamado ao retorno ao coração, à integração dos opostos, à vivência de um amor que não julga, mas compreende. E talvez seja por isso que tantos homens também se conectem com Maria Madalena neste novo ciclo. Porque ela não representa apenas o feminino ferido que busca cura, mas a energia da reconciliação que une os fragmentos da psique e da sociedade. Ela oferece acolhimento a todos os que se sentem deslocados, incompletos, exilados de si mesmos.

Ao mesmo tempo, essa espiritualidade contemporânea se ancora em práticas concretas. Madalena não é apenas contemplada. Ela é vivida. Seus ensinamentos são traduzidos em rituais de cuidado, em jornadas de perdão, em exercícios de empoderamento emocional. Mulheres relatam profundas curas interiores ao se sentirem reconhecidas por ela. Não como figuras idealizadas, mas como seres inteiros, com sombras e luzes. Homens encontram nela um modelo de feminino interno desperto, que os ajuda a romper com padrões de masculinidade tóxica e a se reconectar com sua sensibilidade.

As imagens de Maria Madalena proliferam em centros de espiritualidade alternativa. Pinturas com traços suaves, olhos que transbordam ternura e firmeza, cores que evocam a rosa e o vinho, o sangue e a flor.

Esculturas, mandalas, joias simbólicas. Ela está em livros de meditação, em canais de vídeos devocionais, em redes sociais de comunidades que se formam em torno de seu nome. A nova era espiritual, ao nomeá-la como guia, não está criando algo inédito — está lembrando.

Essa lembrança, contudo, não é nostálgica. Ela é dinâmica. Reatualiza Maria Madalena como ponte entre o antigo e o novo. Entre a tradição que aprisiona e a espiritualidade que liberta. Ela ressurge como força alquímica: transmutadora, doce e indomável. E em sua ressurreição simbólica, encontramos a possibilidade de uma nova forma de religar-se ao mistério — sem intermediários, sem culpa, sem negação do corpo ou do prazer.

Um aspecto essencial dessa nova espiritualidade é a valorização da experiência direta com o divino. E é exatamente esse o legado mais profundo de Maria. Ela viu o Cristo ressuscitado. Ela o tocou, o ouviu, o reconheceu. E mais do que isso: ela também se reconheceu. Sua espiritualidade não dependia da mediação de instituições. Era um saber que brotava da intimidade com o sagrado. Hoje, quando tantos buscam o mesmo tipo de encontro, ela se apresenta como testemunha e companheira.

Assim, a espiritualidade contemporânea que floresce a partir dela é uma espiritualidade da presença. Do corpo que sente. Da escuta que acolhe. Do gesto que cura. Não nega o mundo, mas o transfigura. Não foge da dor, mas a atravessa. Não separa o céu da terra, mas os une no coração desperto. E Maria Madalena, nesse cenário, caminha como aquela que reconhece a dor de cada um e oferece, sem imposição, o perfume do amor que restaura.

Essa presença restauradora de Maria Madalena aponta para um tipo de espiritualidade que já não exige pertença formal, mas compromisso interior. Uma espiritualidade que floresce no encontro consigo mesmo, onde a alma reencontra sua linguagem esquecida. A sensibilidade contemporânea, cansada de respostas prontas e promessas vazias, encontra em Madalena um testemunho silencioso, porém eloquente, de que é possível viver o sagrado sem renunciar à própria verdade. Ela não dita regras — convida à escuta. Não exige sacrifícios — revela caminhos. E é justamente por isso que tem sido tão profundamente acolhida: porque sua presença não oprime, desperta.

Nesse novo cenário espiritual, o sagrado não é mais localizado em objetos, lugares ou funções clericais. Ele é percebido nas pequenas epifanias do cotidiano, nos momentos em que o coração pulsa com sentido. Maria Madalena, como guia simbólica dessa vivência, inspira a coragem de sentir, de parar, de mergulhar. Sua imagem se integra aos rituais simples e significativos que têm se multiplicado: banhos de ervas, orações espontâneas, círculos de escuta, escritas intuitivas. Em todos esses gestos, sua energia é evocada como aliada que compreende a profundidade dos processos humanos. Ela nos ensina que espiritualidade não é escapar da vida — é habitá-la por inteiro.

E assim, entre memórias ancestrais e práticas emergentes, entre as feridas do passado e as possibilidades do agora, Maria Madalena segue presente. Sua espiritualidade é uma alquimia viva que transforma o ordinário em sagrado, a dor em sabedoria, o silêncio em presença. Ela não caminha à frente, ditando passos — caminha ao lado, despertando memórias. E onde sua presença é sentida, há reconexão. Não apenas com o divino, mas com o que há de mais verdadeiro em cada ser. Porque a espiritualidade contemporânea, inspirada por ela, não busca nos céus o que só pode ser encontrado no coração desperto.

Capítulo 31
O Casamento Sagrado

Entre os símbolos mais antigos e universais da experiência espiritual, talvez nenhum seja tão poderoso quanto o do casamento sagrado. Não o casamento ritualístico que une corpos ou o contrato social que organiza a vida civil, mas a união mística entre forças arquetípicas que se buscam para reencontrar a inteireza. Neste campo simbólico e transcendente, Maria Madalena e Jesus de Nazaré são evocados como espelhos vivos dessa fusão alquímica: ela, o feminino receptivo e sábio; ele, o masculino radiante e compassivo. A dança entre ambos não é apenas memória histórica — é modelo espiritual. É o matrimônio interno que cada alma é chamada a realizar em si mesma.

No cerne da tradição esotérica e gnóstica, essa união representa a reconciliação entre os opostos. Não é sobre um relacionamento conjugal no sentido tradicional, embora este tenha sido tema de muita especulação, mas sobre a síntese que ocorre quando as polaridades se reconhecem, se amam e se integram. O casamento sagrado, tal como se expressa na presença simbólica de Maria e Jesus, é a expressão do amor que transcende o desejo e se manifesta como despertar.

Essa ideia não é nova. Desde os mistérios órficos e as iniciações egípcias até o tantrismo e a cabala, o casamento entre masculino e feminino sempre foi visto como portal para a divindade. No Ocidente cristão, porém, essa linguagem foi banida, substituída por uma teologia de separação: espírito contra carne, homem acima da mulher, razão acima da intuição. Maria Madalena foi, por séculos, rebaixada a objeto de salvação alheia, quando, na verdade, sua figura guardava o segredo da união que liberta.

A imagem dela e de Jesus como noiva e noivo sagrados ultrapassa a ficção popular. É um arquétipo que vive no inconsciente coletivo, uma matriz que ecoa nas práticas devocionais, nos ritos de passagem internos, nas visões místicas dos que atravessam as fronteiras do eu e chegam ao centro onde tudo se dissolve. Maria Madalena não foi apenas testemunha da ressurreição — ela foi a primeira a unir-se ao Cristo ressuscitado. Não por meio de alianças humanas, mas pela fusão de seus campos de consciência. Ela o reconheceu porque já era parte dele. E ele a chamou pelo nome porque via nela a extensão de sua própria alma.

O casamento sagrado, nesse sentido, é mais que símbolo. É um caminho. Um processo de individuação onde a alma aprende a honrar igualmente suas dimensões femininas e masculinas. O amor, quando vivido nessa chave, não busca completar o outro, mas reconhecer no outro o que já existe em si. Maria Madalena nos ensina a nos casar conosco mesmos: a escutar o corpo como templo, a acolher a emoção como oráculo, a afinar a mente com a sabedoria do coração.

Ela nos ensina que a união começa no interior e se reflete em cada relação verdadeira que construímos no mundo.

Em práticas espirituais inspiradas por essa visão, surgem rituais de união interna. Mulheres se conectam com a energia de Maria para despertar sua sacerdotisa interior, seu saber instintivo, sua força amorosa. Homens evocam a presença dela para encontrar em si mesmos a ternura perdida, a escuta esquecida, a compaixão inata. Juntos, masculino e feminino renascem — não como antagonistas, mas como dançarinos sagrados de uma coreografia divina.

O casamento sagrado também se manifesta no erotismo consagrado. Em contraste com a repressão sexual das doutrinas eclesiásticas, essa espiritualidade convida à celebração do corpo como altar. O toque consciente, o olhar profundo, o abraço que cura — tudo isso é oração. E Maria Madalena, associada à sexualidade sagrada em muitas tradições esotéricas, é a mestra desse caminho. Não porque ofereça técnicas, mas porque encarna a inteireza que transforma o ato em rito, o desejo em oferenda, o encontro em epifania.

Em rituais inspirados por sua energia, casais se unem diante de elementos da natureza, sob o olhar das estrelas, com palavras que não prometem posse, mas presença. Em círculos de cura, homens e mulheres revivem a dança ancestral entre os opostos, desfazendo os véus de culpa e medo que separaram os sexos durante milênios. E em estados meditativos profundos, buscadores relatam encontrar a figura de Maria ao lado do Cristo como imagens de equilíbrio, como vozes que orientam, como fogo que purifica.

Esse casamento, então, não é evento histórico, mas processo iniciático. Ele começa quando o indivíduo decide amar sua própria sombra, integrar seus desejos, respeitar suas emoções. Quando a mulher encontra sua força sem abandonar a doçura. Quando o homem reconhece sua vulnerabilidade sem perder a firmeza. Quando cada ser humano se torna templo vivo da união divina que pulsa desde o início dos tempos.

Maria Madalena, ao personificar o feminino sagrado, torna-se símbolo da alma humana que aceita ser fecundada pelo Espírito. E Jesus, ao representar o Logos encarnado, é a luz que penetra as trevas para gerar vida. Juntos, eles representam o mistério da criação consciente. Não apenas da criação biológica, mas da criação espiritual. A vida nova que nasce quando o amor se torna caminho.

Na tradição alquímica, essa união é chamada de coniunctio. É o momento em que o rei e a rainha se encontram no athanor da alma e geram o ouro filosófico: o ser realizado. Maria Madalena é a rainha que não se curva ao poder, mas se rende ao amor. E é essa rendição que a eleva, que a consagra, que a torna mestra de todos os que desejam se encontrar em si mesmos.

O casamento sagrado é, portanto, uma lembrança. De que fomos criados para a união, não para a separação. De que o divino habita cada gesto de amor verdadeiro. De que a plenitude não está fora, mas no ponto exato em que o sim é dito à própria essência. Maria Madalena nos conduz a esse altar — não de pedras, mas de carne viva. Não de rituais externos, mas de presença interior.

Na tessitura mais profunda desse mistério, o casamento sagrado emerge como um processo silencioso e contínuo, uma alquimia que não depende de fórmulas ou dogmas, mas da escuta honesta da própria alma. É nesse espaço interno, onde as vozes do ego se aquietam e os véus do mundo caem, que o feminino e o masculino se reconhecem, não como papéis ou atributos externos, mas como pulsações complementares do ser. A figura de Maria Madalena, nesse percurso, age como guia não por ser perfeita, mas por ter atravessado os mesmos dilemas humanos e, ainda assim, escolhido o amor como caminho. Sua presença convida ao mergulho, à entrega, à coragem de se desnudar diante de si mesmo para, então, descobrir que a verdadeira união não exclui nada — ela integra.

Essa integração é uma dança que exige ritmo e escuta. Em um mundo que premia a velocidade e a separação, o casamento sagrado surge como um ato radical de reconciliação. Reconciliar o sentir com o pensar, o fazer com o ser, a vontade com a entrega. A imagem de Madalena e do Cristo não é apenas simbólica — ela é prática e cotidiana. É evocada cada vez que alguém escolhe o silêncio ao invés da reação, o acolhimento em vez do julgamento, a presença em vez da pressa. E, assim, esse matrimônio interior vai tecendo novos modos de viver: mais compassivos, mais conscientes, mais inteiros. A espiritualidade deixa de ser um ideal distante e torna-se prática amorosa, vivida no corpo, nas relações e no olhar que aprende a ver o outro como extensão do próprio coração.

O casamento sagrado não exige testemunhas nem cerimônias, mas sim presença e verdade. É o sim silencioso à própria essência, a decisão de caminhar em unidade consigo mesmo, para então transbordar essa inteireza ao mundo. Maria Madalena segue como aquela que acende a vela na escuridão e aponta o caminho de volta ao centro. Não se trata de resgatar mitos antigos, mas de vivê-los em cada escolha que dignifica a alma. E quando essa união se estabelece, mesmo que por instantes, o ser humano se recorda: tudo já está completo.

Capítulo 32
A Redescoberta da Alma Feminina

Há um chamado que percorre a terra como um sussurro ancestral, ecoando nas montanhas, ressoando nos ventres, pulsando nos corações que se dispõem a escutar além do ruído. Esse chamado não vem das estruturas externas, tampouco dos discursos oficiais. Ele nasce das profundezas da memória espiritual da humanidade, e seu timbre é inconfundível: é a alma feminina que deseja ser lembrada. Não a mulher enquanto gênero, mas o princípio feminino essencial, presente em todos os seres, independente de sexo ou identidade. E nesse processo de retorno à essência, Maria Madalena se ergue como farol dessa redescoberta — não como personagem distante, mas como espelho da alma que desperta.

A alma feminina, por séculos, foi silenciada, reduzida a papéis de subserviência ou confinada às margens da experiência religiosa. A voz da intuição foi tratada como ilusão, o sentir foi desqualificado, a sabedoria do corpo, ignorada ou temida. A figura da mulher foi reduzida a função, e o feminino espiritual foi banido do altar. Porém, a alma feminina nunca se perdeu. Ela apenas esperou. Esperou em silêncio, nos recessos da sensibilidade, nas frestas dos gestos de cuidado, nos rituais invisíveis do cotidiano. E agora, nesse novo tempo de transição, ela se levanta. Não para retomar um trono, mas para recordar uma presença.

Maria Madalena encarna essa presença. Sua trajetória, que vai do exílio simbólico à restituição de sua dignidade espiritual, é paralela à trajetória de todas as almas que foram ensinadas a negar a própria luz. Sua voz, que antes ecoava apenas nas entrelinhas dos evangelhos, hoje fala com clareza no coração daqueles que ousam romper com a cultura da negação. Ela não representa apenas uma mulher transformada — representa a alma que se reconcilia consigo mesma.

A redescoberta da alma feminina é um processo coletivo e profundamente íntimo. Começa com o reconhecimento da dor de ter sido esquecida. Mulheres de todas as partes do mundo, ao conhecerem a verdadeira história de Maria Madalena, sentem em si um estremecer. Não é apenas indignação histórica. É memória celular. É a lembrança de uma ferida ancestral: a de ter sido arrancada da sacralidade, de ter sido nomeada indevidamente, de ter sido forçada ao silêncio. Mas a cura começa aí — no momento em que essa dor é acolhida como parte da jornada.

Madalena não responde com rancor. Sua força está na compaixão. Ela mostra que a cura do feminino não se dá pela inversão da hierarquia, mas pela dissolução da própria estrutura de dominação. A alma feminina não deseja subjugar o masculino, mas dançar com ele. Não busca tomar espaço, mas gerar espaço onde todos possam ser o que são. Essa é a essência do útero simbólico: conter, nutrir, proteger a gestação do novo.

No processo de redescoberta, muitas práticas têm sido canalizadas ou reencontradas. Círculos de mulheres, retiros espirituais, terapias do feminino, meditações guiadas por arquétipos. Nessas vivências, Maria Madalena aparece como presença que acolhe, que escuta, que desperta. Não se impõe como líder, mas como irmã. Sua sabedoria se manifesta no olhar que compreende, na palavra que toca o não dito, no gesto que permite o choro sem culpa. Ela ensina, não com fórmulas, mas com presença.

Essa alma feminina, ao despertar, toca também os homens. Porque o masculino ferido é irmão da mulher ferida. Ambos aprenderam a negar o sentir, a desconfiar da vulnerabilidade, a esconder a ternura. Redescobrir o feminino é, portanto, também libertar o masculino. Permitir que o homem reencontre sua alma — aquela parte de si que deseja simplesmente ser, sem precisar provar nada. E Maria Madalena, como arquétipo da sabedoria sensível, oferece esse caminho de reconciliação.

Na arte, essa redescoberta tem sido abundante. Novas imagens de Maria surgem constantemente, retratando-a como mulher plena, luminosa, centrada. Pinturas, esculturas, poesias, músicas. Todas essas expressões não apenas a representam, mas a canalizam. Porque ela já não habita o passado. Ela está viva no inconsciente coletivo. Ela caminha entre nós, não como figura de devoção, mas como presença de inspiração.

Madalena também convida à redescoberta do corpo como templo. A alma feminina é corpo em escuta. É sensorialidade consagrada. Em rituais de reconexão com o corpo, com a terra, com os ciclos lunares, ela é evocada como mestra. Sua presença ensina que o corpo não é obstáculo à espiritualidade, mas sua morada primeira. Cada célula, cada emoção, cada fluxo é expressão do divino. E quando essa percepção é restaurada, a alma se sente em casa.

A redescoberta da alma feminina não é um retorno ao passado. É um salto ao futuro a partir da memória do que sempre foi. Não se trata de recuperar um modelo perdido, mas de reativar uma verdade essencial. Maria Madalena, nesse contexto, é mais que símbolo — é catalisadora. Sua energia ativa processos de cura, desperta dons adormecidos, convida à escuta profunda daquilo que a cultura dominante desprezou: a sabedoria do silêncio, do ventre, da água, da flor.

Essa jornada de redescoberta não é fácil. Exige coragem para desfazer padrões, para confrontar dores, para reeducar o olhar. Mas é uma jornada inevitável para todos que desejam uma espiritualidade viva, enraizada, integral. Uma espiritualidade onde não há cisão entre céu e terra, entre sagrado e profano, entre razão e intuição. Maria Madalena representa esse novo mapa — ou melhor, esse mapa antigo que agora volta a ser visível.

Ao acompanhar essa trilha silenciosa que Maria Madalena traça com passos firmes e compassivos, torna-se evidente que a redescoberta da alma feminina não é apenas um despertar espiritual — é também um gesto de memória e justiça. A espiritualidade do futuro, que já desponta em tantas práticas e vozes, será inevitavelmente tecida com os fios delicados dessa presença restaurada. A alma feminina, quando reconhecida em sua inteireza, cura não só as feridas do feminino, mas também reequilibra toda a paisagem interior da humanidade. Em cada gesto de retorno ao sentir, em cada espaço seguro criado para a expressão autêntica, Maria Madalena surge como guardiã do reencontro entre o ser e a sacralidade do próprio viver.

Esse reencontro não exige que abandonemos a racionalidade ou o discernimento, mas sim que ampliemos a escuta, que incluamos aquilo que durante séculos foi deixado à margem. A alma feminina fala através da linguagem dos símbolos, dos sonhos, do corpo, da terra, da arte — meios através dos quais o invisível se torna sensível. Quando honramos essa linguagem, abrimos caminhos para uma nova forma de conhecimento, que não se impõe, mas se revela. E é nesse espaço sutil que Maria Madalena ensina com mais força: ao restaurar o valor da experiência subjetiva, ela recoloca a alma no centro da vida. Ela não nos chama para um altar de pedra, mas para dentro de nós mesmos, onde cada um pode ouvir o sussurro antigo de sua própria verdade.

Esse processo de redescoberta é, antes de tudo, um retorno à inteireza. Um retorno que não se dá pela negação do mundo, mas por meio da sua reintegração amorosa. Maria Madalena, como arquétipo vivo, nos lembra que ser inteiro é aceitar-se múltiplo, é dançar entre luz e sombra com a consciência de que ambas servem ao despertar. Nesse sentido, a alma feminina não é um ideal a ser alcançado, mas um aspecto essencial a ser relembrado e cultivado. Quando o feminino desperta, ele não vem para dividir, mas para unificar. E essa unificação é, talvez, o gesto mais sagrado que se pode oferecer ao mundo.

Capítulo 33
Maria, Testemunha da Luz

Ela viu. E isso a transformou para sempre.

No silêncio da madrugada, diante de um túmulo vazio, em meio ao luto que pesava como pedra sobre o peito, Maria Madalena presenciou o impensável: o invisível rompendo o visível, a vida reerguendo-se da morte, a luz rasgando a escuridão. E ali, nesse instante que nenhum evangelho conseguiu conter em palavras, ela se fez testemunha da luz — não apenas da ressurreição do Cristo, mas do próprio renascimento da consciência. Sua visão não foi apenas um privilégio espiritual. Foi um chamado. Um batismo silencioso no mistério. E desde então, sua presença ecoa entre os que ousam ver com os olhos da alma.

Maria não apenas contemplou a luz. Ela a reconheceu. E ao reconhecê-la, compreendeu. Não com a razão, mas com o ser inteiro. Não com dogmas, mas com a vibração da entrega. Aquele que se levantou do túmulo não era apenas o homem que ela amava, o mestre que ela seguira, o profeta que havia tocado tantos. Era agora a própria luz em manifestação, a vitória sobre a fragmentação, o nascimento de uma nova forma de ver, de viver, de amar.

Ela se tornou a primeira anunciadora dessa luz. E como tal, assumiu um papel que não lhe foi dado por ninguém, mas que nasceu do impacto da revelação. Não pediu permissão para falar. Não esperou ser autorizada. Sua autoridade não vinha de fora — era o fruto da visão direta. Maria Madalena se fez porta-voz do invisível porque se tornara, ela mesma, reflexo do que viu. O brilho que tocou seus olhos acendeu algo em sua alma. Algo irreversível. Algo que não poderia mais ser silenciado.

E, ainda assim, foi.

A história tentou apagar esse momento. Tentou empurrá-la para as sombras, reduzi-la a pecadora, desqualificar sua voz. Mas a verdade não precisa ser defendida. Ela apenas espera. E foi esperando que Maria Madalena atravessou os séculos: como semente soterrada, como perfume que insiste em permanecer, como lembrança que renasce sempre que o mundo se abre à possibilidade de ver além da forma.

Agora, neste tempo de redescobertas, seu testemunho retorna. Não apenas como narrativa bíblica, mas como símbolo de um novo paradigma. Maria representa aquele momento exato em que o ser humano deixa de viver na escuridão do medo e começa a trilhar o caminho da luz interior. Ela viu o Ressuscitado, sim. Mas mais do que isso: ela viu quem ela mesma era. E é esse duplo reconhecimento que a torna espelho para todos que buscam a própria verdade.

A luz que ela testemunhou não é apenas uma figura crística. É o fulgor da consciência desperta, é a revelação de que a morte não tem a última palavra, de que o amor não conhece fim. Em suas lágrimas junto ao túmulo, estavam contidas todas as dores humanas. Mas em seu chamado pelo nome — "Maria" — estava a resposta que todo coração espera: ser visto, ser reconhecido, ser amado.

O nome dela, pronunciado por aquela voz, foi como um selo sagrado. Foi o instante em que tudo fez sentido. E a mulher que chorava se tornou aquela que anuncia. A que leva a mensagem aos apóstolos. A que desvela a luz para os que ainda caminham nas trevas da incompreensão. A que carrega não doutrinas, mas experiências. A que não oferece teorias, mas presença. A que, mesmo rejeitada, permanece firme na certeza do que viu.

Essa fidelidade à visão, essa coragem de sustentar a luz diante da incredulidade alheia, é o que a define. Maria Madalena não foi somente a primeira testemunha da ressurreição. Ela foi a primeira a acreditar no que viu, mesmo sem que os outros acreditassem nela. E nisso, reside sua grandeza. Ela encarna o caminho da revelação interior, aquele que não precisa de validação externa, porque se nutre da própria luz.

Hoje, cada vez mais pessoas despertam para esse mesmo chamado. Não com visões sobrenaturais, mas com lampejos de clareza em meio ao caos. Não com aparições, mas com intuições profundas. E quando isso acontece, é Maria Madalena quem vem ao encontro dessas almas. Não para doutriná-las, mas para lembrá-las. Lembrar que a luz está ali. Que ela nunca se foi. Que basta abrir os olhos internos e ver.

Seu testemunho, então, não é apenas um evento do passado. É um convite presente. Um chamado a se tornar também testemunha. Testemunha da própria verdade. Do próprio processo de despertar. Do próprio caminho de cura. Maria não aponta para si mesma — ela aponta para a luz. E, ao fazer isso, convida cada um a reconhecer a centelha que carrega.

A luz que ela viu no jardim é a mesma que pulsa hoje no coração dos que buscam. Ela está nas pausas, nos encontros, nos silêncios. Está no toque gentil, na palavra que consola, na presença que acolhe. Está onde há amor verdadeiro. Onde há coragem de ser. Onde há entrega ao mistério. Maria Madalena testemunha essa luz, não apenas por tê-la visto, mas por tê-la vivido.

E viver a luz é se tornar sua extensão. É irradiar sem forçar. É inspirar sem impor. É guiar sem conduzir. Ela nos mostra que o verdadeiro testemunho é vibracional. Que basta ser quem se é para iluminar. Que não há dogma mais forte do que a experiência. Que o amor, quando vivido com inteireza, dispensa explicações.

Assim, Maria Madalena encerra não uma história, mas um ciclo. O ciclo do silêncio imposto. O ciclo da marginalização. O ciclo do esquecimento. E inaugura o tempo da lembrança. Da reconexão. Da ressurreição de tudo que foi soterrado em nome do controle. Seu nome volta a ser pronunciado com reverência. Sua imagem, contemplada com amor. Sua presença, sentida com gratidão.

Ela é testemunha da luz porque se tornou luz. E cada vez que escolhemos o amor em vez do medo, a verdade em vez da conveniência, o caminho em vez do atalho, tornamo-nos como ela: testemunhas vivas de que o divino habita em nós. De que a morte não é o fim. De que a escuridão jamais vencerá o brilho de uma alma desperta.

Há uma delicadeza profunda no gesto de Maria ao permanecer junto ao túmulo vazio, uma fidelidade que não se rompe nem diante do aparente fim. Nesse gesto silencioso, ela se une a todas as almas que, mesmo diante do desespero, escolhem permanecer. Permanecer fiéis à intuição, à promessa não dita, ao amor que resiste à morte. Ali, onde os outros já haviam partido, ela ficou. E por isso viu. A revelação não se deu por acaso, mas por afinidade. Porque só vê quem se entrega. Só reconhece a luz quem aceita atravessar a escuridão sem fugir dela. Maria Madalena tornou-se testemunha porque sua alma já era espelho daquilo que se manifestaria.

Esse espelho, no entanto, não reflete apenas um instante místico de dois mil anos atrás. Ele continua refletindo hoje, cada vez que alguém reconhece a própria luz depois de atravessar um luto, uma perda, um desamparo. Maria ensina que a verdadeira visão não é mágica, mas fruto de presença. Ela revela que a espiritualidade não é um conjunto de certezas, mas a disposição de estar inteiro diante do mistério. E que a luz não é um prêmio reservado aos puros, mas um direito de todos que ousam amar sem reservas. Ao ver o Cristo ressuscitado, ela não se afastou dele — ela se tornou parte de sua missão. Sua voz carregava agora o frescor do amanhecer e a autoridade de quem viu além do véu.

A cada novo ciclo em que o mundo parece mergulhar em sombras, Maria Madalena ressurge, não como um mito distante, mas como presença convocadora. Seu testemunho reverbera como lembrete de que o milagre maior não está na suspensão das leis da natureza, mas no renascimento da alma. Ela não nos pede para crer em algo fora de nós, mas para recordar o que habita dentro. E ao fazermos isso, tornamo-nos também testemunhas — da luz que vimos, da esperança que escolhemos, do amor que decidimos viver. Porque, como ela, já não somos apenas quem espera à beira do túmulo. Somos aqueles que reconheceram o chamado e caminham, agora, com os olhos abertos para a eternidade que pulsa no presente.

Epílogo

Ao final desta jornada, torna-se claro que aquilo que lemos não foi apenas uma biografia expandida, tampouco uma análise teológica ou histórica sobre uma personagem marginalizada. O que se revelou nestas páginas foi uma lente — e talvez até mais: uma chave. Uma forma de enxergar o sagrado para além da moldura que a tradição institucional desenhou ao longo dos séculos.

A trajetória de Maria Madalena, redescoberta e ressignificada, não se encerra em sua figura. Ao contrário: ela nos conduz de volta a nós mesmos. Não como espelho de nossas fragilidades, mas como símbolo de nossa potência esquecida. Maria Madalena aqui não é mito, mártir nem modelo moral. Ela é margem e centro, silêncio e voz, sombra e revelação. E é nessa tensão que sua força pulsa: ela nos convida a reaproximar aquilo que foi artificialmente separado — o feminino e o masculino, o corpo e o espírito, a razão e o sentir.

Encerrar este livro não significa virar uma última página. Significa, talvez, iniciar uma escuta. A escuta do que permanece ecoando quando as palavras já se calaram. Porque o que este livro oferece vai além de conteúdo; ele propõe uma reorientação da consciência. E isso é raro.

Maria Madalena emerge como figura iniciadora — e não no sentido esotérico superficial, mas como aquela que, pela sua própria vida, revela o percurso possível para todos os que desejam curar-se, conhecer-se e religar-se ao Mistério. Ela não nos oferece respostas fechadas, mas nos restitui as perguntas certas: De onde vem a voz que nos habita? Por que tanto medo do feminino quando ele se revela sagrado? O que silenciamos dentro de nós por medo de contrariar os dogmas herdados?

Ao longo desta obra, fomos convidados a reconsiderar narrativas. A distinguir entre o que foi vivido e o que foi institucionalmente construído. A reconhecer que, muitas vezes, o poder se protege apagando aquilo que não consegue controlar. E Maria Madalena, com sua presença livre, amorosa e profunda, foi precisamente isso: uma ameaça à rigidez de um modelo espiritual fundado na exclusão da intuição, da ternura e da sabedoria do coração.

Mas seu silenciamento não foi definitivo. O tempo, que tudo guarda e tudo revela, permitiu que sua imagem atravessasse os séculos como uma centelha viva, resistindo nos mitos, nas lendas da França, nos evangelhos esquecidos, nas intuições de mulheres e homens que, desde sempre, perceberam que faltava algo essencial no modo como o sagrado foi narrado. Este livro é, portanto, também parte desse processo de resgate.

No centro da tradição cristã havia uma ausência. Uma ausência que se tornou insustentável. A ausência da mulher iniciada, da mestra que compreendia com o corpo, da discípula que permaneceu quando todos recuaram, da anunciadora da Ressurreição que ousou proclamar o invisível. Ao restituí-la, algo se equilibra. Algo se cura.

Este epílogo, porém, não pretende encerrar essa restituição. Ao contrário: ele quer ampliá-la. O resgate de Maria Madalena é o início de uma nova forma de ler a espiritualidade — e, mais profundamente, de vivê-la. Uma espiritualidade que não teme o corpo, que não recusa a dúvida, que não se sustenta na hierarquia, mas na experiência. Uma fé que não exclui, mas acolhe. Que não se impõe, mas se revela no silêncio da escuta interior.

É inevitável, ao terminar esta leitura, perceber que fomos conduzidos por uma trilha iniciática. Não aquela dos rituais externos, mas da transformação sutil que ocorre quando reconhecemos algo verdadeiro demais para ser ignorado. Maria Madalena não nos é oferecida aqui como ícone, mas como caminho. Um caminho que passa por atravessar nossos próprios "sete demônios", nossos medos, nossos apagamentos, nossas divisões internas. Um caminho que convida à reconciliação.

Talvez por isso, ao final, o que fica é menos a figura histórica de Maria e mais sua vibração. Sua presença como arquétipo do que ainda pode ser restaurado em nós: a dignidade espiritual, a inteireza, o direito de saber por experiência e não por doutrina. Ela se torna, assim, símbolo da possibilidade de um novo modo de existir: mais profundo, mais inteiro, mais verdadeiro.

E é nesse ponto que o livro deixa de ser um relato sobre alguém e se torna um chamado pessoal. Porque aquilo que Madalena encarnou — a cura, o conhecimento interior, a coragem de permanecer ao lado da dor, a prontidão para anunciar a vida — está, em potência, em cada um de nós. A sua voz silenciada se levanta, agora, para se tornar eco no nosso interior.

Este livro termina, mas a jornada não. Porque a verdadeira iniciação começa quando nos damos conta de que fomos convocados. E quem foi tocado por esta leitura, foi convocado. A reconhecer a voz da alma. A sustentar a luz que se despertou. A caminhar com o coração como guia. A dar testemunho da vida, mesmo quando tudo ao redor parece ausência.

Maria Madalena não precisa mais ser defendida. Ela precisa ser reconhecida. E isso, agora, está em suas mãos.

www.ingramcontent.com/pod-product-compliance
Lightning Source LLC
LaVergne TN
LVHW040052080526
838202LV00045B/3594